D0885696

Der vorliegende Band enthält sämtliche Hörspiele Ilse Aichingers, von *Knöpfe* (1953) bis zu *Gare maritime* (1976), das die Autorin für den Süddeutschen Rundfunk / Westdeutschen Rundfunk mit Jutta Lampe, Ernst Jacobi und Otto Sander inszeniert hat.

Schon lange vor dem Entstehen des »Neuen Hörspiels« hatte Ilse Aichinger in ihrem Hörspiel *Besuch im Pfarrhaus* (1961) ein fließendes Spiel aus Stimmen komponiert, ein Spiel, das die Gespräche eines Nachmittags, das Einsamkeit, Trauer und Tod in schwebender Polyphonie gegenwärtig macht. Ernst Jandl gehört zu den frühen Bewunderern dieser »Folge von Wörtern und Sätzen ... die Beziehungen aufnahm zu Dingen außerhalb, zur Welt, zum Leben«. Rosalie in *Die Schwestern Jouet* (1967) findet dieses »Außerhalb« aber nicht mehr erträglich. Sie erfindet sich die Welt einfach neu: Giraffen mit kurzen Hälsen, päpstliche Gesandte, die ständig erkältet sind, Jäger ohne Jagdlust. Von ihrer keifenden Schwester Josefa läßt sie sich dabei kaum bremsen: Ein Gespräch über das Schreiben, als würde es geführt im Haushalt der Schwestern Brontë. Nach dem radikalen Stück aus Stimmen *Auckland* (1969) treibt *Gare maritime* die Kritik an bestehender Wirklichkeit ins Extrem: Joan und Joe, ein durchaus unnützes Liebespaar, versuchen gemeinsam das Atmen zu verlernen, um in einem Milieu der »Blockschließer« noch unnützer zu werden: »Diese Welt und diese Gesellschaft, in der die Wertmaßstäbe der Effektivität, der ungeduldigen Nützlichkeit ausschließlich zu werden drohen, könnte die Chance ihrer Erneuerung bei denen haben, die sie unnütz nennt«, heißt es in Ilse Aichingers – hier erstmals veröffentlichter – *Vorbemerkung zu ›Gare maritime‹*.

»Gerade die Reden, die am rätselhaftesten erscheinen, bewältigen das Konkrete, die konkrete Verstörung und Zerstörung, die Verzweiflung, den Tod.« (Helmut Heißenbüttel)

Ilse Aichinger wurde am 1. November 1921 mit ihrer Zwillingsschwester Helga in Wien geboren, als Tochter einer Ärztin und eines von Steinmetzen und Seidenwebern abstammenden Lehrers. Volksschule und Gymnasium in Wien. Nach dem Einmarsch Hitlers in Österreich im März 1938 verlor die jüdische Mutter sofort Praxis, Wohnung und ihre Stellung als städtische Ärztin. Die Schwester konnte im August 1939 nach England emigrieren, der Kriegsausbruch verhinderte die geplante Ausreise der restlichen Familie: Die Großmutter und die jüngeren Geschwister der Mutter wurden 1942 deportiert und ermordet. Ilse Aichinger war während des Krieges in Wien dienstverpflichtet; nach Kriegsende Beginn eines Medizinstudiums, das sie 1947 abbricht, um den Roman *Die größere Hoffnung* zu schreiben. Arbeitet im Lektorat des S. Fischer Verlages in Wien und Frankfurt/M., anschließend an der von Inge Scholl geleiteten Ulmer Volkshochschule, wo sie an Vorbereitung und Gründung der »Hochschule für Gestaltung« mitarbeitet. 1952 Preis der Gruppe 47 für die *Spiegelgeschichte.* 1953 Heirat mit Günter Eich, zwei Kinder, Clemens (1954) und Mirjam (1957). Nach einigen Jahren in Oberbayern (Lenggries und Chiemsee) Umzug nach Großgmain bei Salzburg 1963. 1972 starb Günter Eich; 1984 bis 1988 lebte Ilse Aichinger in Frankfurt/M., seit 1988 in Wien. Wichtige Auszeichnungen: Preis der Gruppe 47 (1952), Georg-Trakl-Preis (1979), Petrarca-Preis (1982), Franz-Kafka-Preis (1983), Preis der Weilheimer Schülerjury (1988), Solothurner Literaturpreis (1991), Großer Literaturpreis der Bayerischen Akademie (1991).

Der Herausgeber *Richard Reichensperger,* geboren 1961 in Salzburg; Dr. jur. (1984), anschließend Studium der Germanistik, Philosophie, Theologie in Bonn und Salzburg; Dissertation über Robert Musil. Lebt als Journalist und Literaturwissenschaftler in Wien.

Ilse Aichinger
Werke

Taschenbuchausgabe
in acht Bänden
Herausgegeben von
Richard Reichensperger

Die größere Hoffnung
Der Gefesselte
Eliza Eliza
Schlechte Wörter
Kleist, Moos, Fasane
Auckland
Zu keiner Stunde
Verschenkter Rat

Ilse Aichinger

Auckland
Hörspiele

Fischer
Taschenbuch
Verlag

PT
2601
.I26
A9
1991

Veröffentlicht im Fischer Taschenbuch Verlag GmbH,
Frankfurt am Main, November 1991

Lizenzausgabe mit freundlicher Genehmigung
des S. Fischer Verlags GmbH, Frankfurt am Main
© S. Fischer Verlag GmbH, Frankfurt am Main 1954, 1969, 1976
Für diese Ausgabe:
© 1991 Fischer Taschenbuch Verlag GmbH, Frankfurt am Main
Umschlaggestaltung: Büro Aicher, Rotis
Satz: Fotosatz Otto Gutfreund, Darmstadt
Druck und Bindung: Clausen & Bosse, Leck
Printed in Germany
ISBN 3-596-11046-7

25458181

Für Jutta Lampe und Otto Sander

Inhalt

Knöpfe 11
Vorbemerkung zu
›Besuch im Pfarrhaus‹ 75
Besuch im Pfarrhaus 77
Nachmittag in Ostende 111
Vorbemerkung zu
›Die Schwestern Jouet‹ 159
Die Schwestern Jouet 161
Vorbemerkung zu ›Auckland‹ 215
Auckland 219
Vorbemerkung zu ›Gare maritime‹ 263
Gare maritime 267

Editorische Nachbemerkung 323
Bibliographische Hinweise 327

Knöpfe

Personen

JOHN
ANN
ROSIE
JEAN
BILL
JACK
STIMME
VERKÄUFER

Straße, starker Regen

JOHN Hast du es heute wieder gehört, Ann?

ANN Ja. Wie immer. Kurz bevor ich wegging.

JOHN Und die andern? Hören die es auch?

ANN Jean sagt, man gewöhnte sich so daran, daß man es zuletzt nicht mehr hört. Sie ist schon zwei Jahre in der Abteilung und hört es fast nicht mehr. Und auch Rosie sagt, sie hätte zuerst Angst davor gehabt. Jetzt hat sie keine mehr.

JOHN Und du?

ANN Mir wird es auch so gehen. Zuerst werde ich keine Angst mehr haben und zuletzt höre ich es gar nicht mehr. Und dann ist alles gut.

JOHN Ja, meinst du?

ANN Jean sagt, wir sollten uns hüten, uns darüber zu beschweren. Die Mädchen in den andern Abteilungen werden immerfort entlassen, und wenn wir die Zwirn- oder Elfenbeinknöpfe hätten, wären wirs auch schon. Nur weil wir bei den schönen Knöpfen sind, werden wir noch gehalten. *Als John nichts antwortet, eifriger* Jean sagt auch, wenn es auf die Zwirnknöpfe oder auf die Elfenbeinknöpfe oder auf sonst etwas ankäme, müßten wir längst schließen. Nur wegen der schönen Knöpfe läuft der Laden weiter.

JOHN Und deshalb dürft ihr nicht fragen, weshalb die Wand abbröckelt?

ANN Es ist nicht die Wand, es ist hinter der Wand, John. Rosie meint, es hinge vielleicht mit der Herstellung zusammen. Aber es ist besser, nicht zu fragen, sonst denkt der Alte, wir wollten dahinterkommen.

JOHN Ich würde gern einmal einen von diesen Knöpfen sehen.

ANN Schön sind sie. Sie glänzen auch, wie andere Knöpfe nicht glänzen. Wenn ich sie angreife, denke ich manchmal, ich könnte sie wie Früchte zwischen meinen Fingern pressen, aber sie sind ganz hart. Wenn ein Knopf eine Farbe hat, so hat er doch die andern Farben alle auch. Und einer von ihnen kostet mehr als mein Wochenlohn. *Nach einem Augenblick* Aber ich kann keinen nach Hause nehmen, auch wenn ich ihn am nächsten Tag zurückbrächte. Sie würden es merken.

JOHN Dann will ich einen kaufen und dir schenken, Ann.

ANN Nein, ich will keinen haben. Ich hätte immer das Gefühl, ich trüge etwas Fremdes auf mir.

JOHN Etwas Fremdes?

ANN Und für soviel Geld! Ein ganzer Wochenlohn.

JOHN Ich wollte, du brauchtest keinen Wochenlohn mehr, Ann, und du müßtest nie mehr dorthin gehen.

ANN *nachdenklich* Ja, das möchte ich auch.

JOHN Aber der Regen läßt jetzt nach, komm weiter!

ANN Was ich sagen wollte, John: dieses Geräusch im Laden, es klingt doch nicht ganz wie Regen. Eher wie Hagel. Oder wie das Prasseln von Feuer.

Raum in der Fabrik. Das Geräusch hinter der Wand

ANN Schon wieder.

ROSIE Das höre ich gar nicht mehr. Und wenn du einige Zeit hier bist –

ANN Und wenn ich zehn Jahre hier wäre, ich würde immer neu erschrecken.

ROSIE Das denken alle zu Beginn. Ich hätte mir noch vor sechs Wochen nicht denken können, daß ich nicht erschrecke.

JEAN Wenn ihr einmal zwei Jahre in einer Abteilung seid. Ich glaube, ich würde erschrecken, wenn ich es nicht mehr hörte.

ANN Und zu Beginn?

JEAN Ich weiß nicht mehr, wie es da mit mir war. *Gähnt*

ANN Aber das muß doch – *verwirrt* es muß doch möglich sein, daß man zu irgend jemandem geht und ihn fragt. Vielleicht ist alles ganz einfach.

JEAN Möglich.

ANN Vielleicht wissen es sogar Bill oder Jack. Wenn jemand Vertreter ist –

JEAN Ja, sicher wissen sie's. Vermutlich hängt es mit der Herstellung zusammen.

ANN Und du hast nicht gefragt, Jean? Die ganzen zwei Jahre hast du nicht gefragt?

JEAN Weil es mich nichts angeht. Die Herstellung ist geheim. Ich will nicht entlassen werden.

ANN Du bist doch gut mit Bill?

JEAN Und ich will es auch bleiben.

ROSIE Vielleicht werden die Knöpfe gebrannt.

ANN Vielleicht.

ROSIE Oder gedreht. Aber wir haben schon lange kein neues Modell gehabt, Jean.

JEAN Das letzte war gerade neu, als ich kam.

ROSIE Elisabeth.

ANN Ist das der blaue Knopf?

JEAN Kurz vorher waren auch Silvia und Vernon entstanden.

ANN Und du warst hier allein?

JEAN Bis Rosie kam.

ANN Und hattest keine Angst? Ich meine, als du es zum erstenmal hörtest, Jean?

JEAN Bill hat mir gleich Gesellschaft geleistet, und auch Jack. Nein, ich glaube, ich hatte keine Angst.

ANN Auch nicht ganz zu Beginn?

JEAN *nachdenklich* Ganz zu Beginn?

Anderer Raum

BILL Sie sind das neue Fräulein?

JEAN Ich – ich glaube, ja.

BILL Glück gehabt.

JEAN Ich bin auch glücklich.

BILL In den andern Abteilungen werden alle entlassen, nur hier –

JEAN Ist diese Abteilung hier eine besondere?

BILL Für Schmuckknöpfe, ja. Meiner Meinung nach die einzige, die zuletzt bleiben wird. Aber Sie haben gar nichts Besonderes zu tun. Nur Knöpfe zu sortieren und dann zu zählen.

JEAN Schöne Knöpfe.

BILL Sie haben alle Namen. Dies ist Vernon. Und das ist Elisabeth. Und hier sind die Fächer, wo sie hineinkommen.

JEAN Ich glaube, ich finde mich bald zurecht.

BILL Um so besser. Ich heiße Bill und bin Vertreter.

JEAN Ich heiße Jean.

BILL Dann – auf gutes Einvernehmen, Jean!

JEAN Das hoffe ich.

BILL Wir werden oft miteinander zu tun haben.

Raum wie vorher. Das Geräusch hinter der Wand

JEAN Was war das eben?
ANN Jetzt bist du erschrocken, Jean!
JEAN Ich führte nur in Gedanken ein Gespräch mit Bill. Mein erstes Gespräch noch einmal.
ROSIE Als ich kam, empfing mich Jack.
JEAN Und wahrscheinlich sagte er dasselbe.
ANN Ich möchte wissen, weshalb es hier so heiß ist. Manchmal dreht sich mir alles.
ROSIE Von den elektrischen Öfen, es ist diese trockene Hitze.
JEAN Ihr könnt froh sein, daß ihr's warm habt.
ANN Und was mit den vielen Knöpfen geschieht, die wir täglich ordnen; was der Alte damit macht.
JEAN Wenn er einen verkauft, lebt er lange davon. Bill sagt, allein die Provision –
ANN Aber die andern?
JEAN Darum mach dir keine Sorgen, Ann!
ANN Ich frage mich: woher kommen die Knöpfe?

Auf der Straße

JOHN Und woraus werden sie gemacht, Ann?
ANN Aus Zwirn und Schildpatt und Elfenbein.
JOHN Ich meine die in eurer Abteilung.

ANN Wenn ich das wüßte!

JOHN Und wenn du sie anrührst, wenn du sie zwischen den Fingern hältst, tausendmal jeden Tag?

ANN Dann weiß ich auch nur, woraus sie nicht sind, John.

JOHN Aber es muß doch etwas geben, mit dem du sie vergleichen kannst. Wie aus Holz oder Glas –

ANN Als nähme ich Kirschen vom Baum und sie wären alle rot und steinhart. Und ich möchte sie zwischen Zunge und Gaumen wärmen und wieder Früchte werden lassen und kann es doch nicht, weil ich sie zählen muß. Aber ich rede Unsinn. Jean war heute sehr müde, und ich bin's jetzt auch. Sie muß mich angesteckt haben.

JOHN Wenn es kein Unsinn wäre?

ANN Wir müssen froh sein –

JOHN Wenn ich froh bin, Ann, bin ich's lieber freiwillig.

ANN Ach Gott, John!

JOHN Du bist anders heute. Auch dein Gesicht.

ANN Es ist nur dunkler geworden. Das wenige Licht von vorhin ist auch verschwunden.

JOHN Wir wollen gehen. Aber bring morgen einen Knopf mit, Ann, bring einen mit!

Raum in der Fabrik

ROSIE June – Margaret – Vernon – June – June – June –

ANN Hör auf, Rosie.

ROSIE Ich zähle nur laut.

ANN Zähl leise.

ROSIE Weshalb?

ANN Weil es immer klingt, als riefst du nach jemandem. Du könntest ebensogut sagen Ann – Ann – Ann.

ROSIE Ann – Ann – Ann –

JEAN Weshalb auch nicht?

ANN Oder Jean.

ROSIE Jean – Jean –

ANN So sag doch etwas, Jean, wehr dich doch!

JEAN Jean – klingt wirklich gut.

ROSIE Fünf vor sechs.

JEAN Kannst du mir den Spiegel herüberreichen, Ann?

ROSIE Hübsch bist du, Jean.

JEAN Laß mich in Frieden, Rosie.

ROSIE Ich meine es ernst. Findest du nicht auch, Ann, daß Jean heute ihren hübschen Tag hat?

ANN Ich finde, daß Jean verändert aussieht.

JEAN Das ist nicht besonders nett von dir, Ann. Das hieße, daß ich sonst –

ANN Das wollte ich nicht sagen. Aber du siehst so glatt heute aus.

JEAN Glatt?

ANN Dir steht kein Haar zu Berge!

JEAN Weshalb sollte mir denn ein Haar zu Berge stehn?

ANN Ich meine: dir fliegt nichts im Wind.

JEAN Wie soll etwas im Wind fliegen, wo kein Wind ist?

ROSIE Ann brächte es fertig. Der flögen auch noch im luftleeren Raum die Haare.

ANN *ängstlich* Im luftleeren Raum, jetzt weiß ich's, Jean. So siehst du aus.

ROSIE Jean, du bist ganz in Ordnung.

ANN Als wärst du im luftleeren Raum. Als bliebst du so.

JEAN Ich wäre ganz zufrieden, wenn ich so bliebe.

ROSIE Hast du etwas gesagt, Ann?

ANN Nichts. Aber ich – ich möchte nie für immer so bleiben, wie ich gerade bin.

Es schlägt sechs

ANN Könnt ihr nicht die Türe öffnen? Man bekommt keine Luft hier.

ROSIE Du kannst gehen, wenn du Luft willst, Ann. Es schlägt sechs.

ANN Ich gehe auch.

JEAN Haltet Frieden, Kinder! Ich fühle mich sehr wohl heute.

ROSIE Und Bill gefällst du, Jean!

ANN Ganz sicher.

ROSIE Schließ die Tür hinter dir zu, Ann!

Die Tür geht

JEAN Ich fühle mich müde, Rosie. Und ich hätte nichts dagegen, wenn meine Augen nicht immer kleiner davon würden.

ROSIE Solange du noch heraussiehst –

JEAN Bis Bill kommt, sehe ich nicht mehr heraus.

ROSIE Wenn Bill kommt, gehen dir die Augen auf.

JEAN Ich wollte, er käme schon. Dann dürften sie mir ruhig zufallen.

ROSIE Ich gehe jetzt auch, Jean.

JEAN Rosie!

ROSIE Wolltest du noch etwas?

JEAN Alles wird kleiner, wenn man so müde ist.

ROSIE Schlaf ruhig, bis Bill kommt.

JEAN Mir scheint, daß auch mein Mund kleiner wird, Mund und Augen –

ROSIE Schlaf ruhig. Es ist kein Mensch im Haus.

Sie öffnet die Tür

JEAN Mund und Augen, Rosie, aber ich kann sie nicht schließen. Wenn ich so müde bin, werden mir die Augen klein, ohne daß ich sie schließen könnte. Nur du wirst groß, Rosie, du wirst riesengroß –

ROSIE Ich lasse die Tür auf, Jean.

Ihre Schritte, die sich entfernen

JEAN – so groß wie die Tür, wie die offene Tür, hörst du mich, Rosie? Ich kann die

Augen nicht mehr schließen. Als blieben sie immer so, klein und halboffen, als hätte ich zwei Lücken im Kopf, sonst nichts.

Schritte auf der Treppe

JEAN Bist du's, Bill?

ANN Nein, nur ich.

JEAN Weshalb kommst du zurück?

ANN Ich hatte mein Halstuch vergessen, es ist windig draußen.

JEAN Mir werden die Augen hier immer kleiner.

ANN Kannst du mich nicht ein Stück begleiten, Jean? Der Wind wird dir guttun.

JEAN Ich warte noch auf Bill.

ANN Dann gute Nacht.

JEAN Jetzt bist du auch so groß wie die offene Tür, Ann.

Anns Schritte entfernen sich. – Das Geräusch hinter der Wand setzt ein und bricht plötzlich ab

JEAN *als träume sie* Da bist du.

BILL Hübsch kühler Tag heute.

JEAN Und? Wie war der Verkauf?

BILL Immer dasselbe. Die schönen gehen und die andern bleiben liegen.

JEAN Solltest eben nur schöne haben, Bill.

BILL Sollte nur schöne haben, Jean! Wo sind die andern?

JEAN Rosie trifft sich mit Jack, und Ann – ich glaube, Ann ist auch gegangen.

BILL Und wir?

JEAN Ich fühle mich sonderbar heute.

BILL Krank?

JEAN Nicht krank, nur etwas müde. Ich fühle mich sonderbar wohl, Bill. Ganz sonderbar wohl. So glatt und rund.

BILL *vergnügt* Das ist aber gut, Jean. Das ist gut, wenn du dich so fühlst!

JEAN Es ist ganz beruhigend.

BILL Und was wollen wir tun?

JEAN Alles. Was du willst.

BILL Die Galerien?

JEAN Nichts, wo ich schauen muß.

BILL Oder etwas Musik?

JEAN Nichts, was ich hören muß.

BILL Dann bleibt nur eines, Jean.

JEAN Das wäre möglich.

BILL Dann bist du wohl so weit?

JEAN Dann bin ich so weit.

BILL Dann hätten wir dich, Jean.

JEAN Noch kleiner als ich dachte.

Das Geräusch hinter der Wand, sehr stark

Im Freien

ROSIE Ich freue mich, daß du endlich mitkommst, Jack. Meine Mutter hat schon zweimal umsonst den Tee für dich gerichtet.

JACK Heute wird es nicht umsonst sein, Rosie.

ROSIE Und du mußt auch keine Angst vor meinen Eltern haben, sie freuen sich. Sie sagen, sie wollten endlich den kennenlernen, der mich so verändert hat.

JACK *spöttisch* Verändert?

ROSIE Alle finden es, ich bin hübscher geworden. Meine Mutter sagt auch, sie hätte sich früher nicht mit mir sehen lassen können, aber jetzt – jetzt sehe ich endlich so aus wie alle andern. Seit ich dich kenne.

JACK Das ist gut so, Rosie.

ROSIE Jetzt könnte man endlich mit mir unter die Leute gehen. Wirklich, daß du nicht schon längst mitgekommen bist, Jack!

JACK *ungeduldig* Ihr wohnt sehr weit draußen.

ROSIE Mir scheint es immer weiter, oft ist mir jeder Schritt zuviel, den ich vom Laden entfernt wohne. Am liebsten bliebe ich gleich darinnen.

JACK Ja?

ROSIE Und ginge nie mehr weg. Und müßte mich nie mehr von dir trennen. Täglich frage ich mich, weshalb ich noch nach Hause soll.

JACK Ja, weshalb eigentlich?

ROSIE Ich meine es ernst, Jack. Die Füße werden mir jeden Abend schwerer. Es beginnt schon, wenn ich durch die Stadt zur Untergrundbahn gehe, und auch während der Fahrt, und erst, wenn ich hier aussteige und die Eisenbahnbrücke überquere. Und wenn ich dann den Weg hinaufgehe –

STIMME Abend, Fräulein Rosie!

ROSIE Ich weiß auch nicht, was ich mit den Leuten hier anfangen soll, Jack. Ich grüße nie mehr zurück. Ich will mit niemandem mehr zu tun haben als mit dir.

JACK Das ist schön, Rosie.

ROSIE *außer Atem* Und wenn ich dann hier hinaufgehe, geht mir der Atem aus. Dann reicht meine Kraft nie weiter als – hier sind wir, Jack!

JACK Zu Hause?

ROSIE Nein, am ersten Briefkasten. Hier muß ich immer ausruhen, *schneller* hier lehn ich mich daran und lege den Kopf auf die Arme –

JACK Es ist ein hübscher Briefkasten.

ROSIE Hier muß ich alle Kraft zusammennehmen, damit ich nicht zurücklaufe, zu dir, Jack –

JACK Ja?

ROSIE Zu dir und in den Laden. *Nach einer Pause* Auch heute, obwohl du doch bei mir bist. Ich möchte auch heute in den Laden zurück.

JACK Weshalb gehen wir dann weiter?

ROSIE Ja. Weshalb gehen wir weiter?

JACK Weshalb sollst du denn alle Kraft zusammennehmen, wenn es auch einfacher geht?

ROSIE Ich weiß im voraus, was meine Mutter sagen wird, und unser Vorgarten sieht genauso aus wie alle andern. Und wir haben auch Strohblumen an den Fenstern.

JACK Ich kanns mir vorstellen.

ROSIE Und unsere Vorhänge hängen genau so weiß und lahm herunter wie überall. Es ist kein Unterschied.

JACK Ich weiß.

ROSIE Wir wollen umkehren, Jack.

In einem Zimmer

ANN Ich wollte, es wäre schon morgen um die Zeit und ich hätte ihn zurückgegeben und niemand hätte gesehen, daß ich ihn genommen habe.

JOHN Laß ihn liegen, Ann!

ANN Warum?

JOHN Weil ich nicht will, daß du ihn anrührst.

ANN Ich rühre jeden Tag viel mehr Knöpfe an.

JOHN Ich will auch sehen, wie er für sich allein aussieht.

ANN Es ist ein älterer Knopf, wir haben auch schönere. Aber ich nahm ihn, weil ich dachte, daß es weniger auffällt. Er heißt Vernon.

JOHN Vernon.

ANN Von den neuen gibt es immer nur wenige, aber von diesen hier gibt es viel. Manchmal greife ich mit beiden Händen in die Schachtel und habe nichts als Vernon darinnen; auch von Elisabeth gibt es genug. *Nach einem Augenblick* Aber er sieht anders aus als in seinem Fach. O John, ich wollte, ich hätte ihn schon zurückgegeben.

JOHN Wenn ich ein Mädchen wäre, ich würde ihn mir nicht aufs Kleid nähen.

ANN Du wolltest ihn mir schenken!

JOHN Ich wollte ihn sehen.

ANN Soll ich das Licht andrehen?

JOHN Es ist noch hell genug.

ANN Es ist ein sonderbares Licht heute, als käme Regen, aber als käme mitten im Zimmer Regen. Alles ist so nahe, dein Gesicht, John, als wärst du dicht neben mir. Noch viel dichter.

JOHN Weißt du, was es ist, Ann?

ANN Als hättest du andere Augen und einen anderen Mund.

JOHN Es ist der Knopf.

ANN Der Knopf?

JOHN Es ist das Licht von dem Knopf. Es glänzt, wie ich mir denke, daß Knochen glänzen.

ANN Weißt du, wie du jetzt aussiehst, John?

Als hättest du Mund und Nase und Ohren und alles für sich. Als wärst du Mund und Nase und Augen und Ohren, aber nicht du, als hielte nichts dich zusammen. Als wärst du's gar nicht, John, als wärst du's nie gewesen!

JOHN Dreh das Licht an, Ann!

Raum in der Fabrik

ANN June – Susan – Vernon – Gladis – Margaret –

ROSIE Ob Jean heute noch kommt?

ANN Ich weiß nicht. Vielleicht ist sie krank.

ROSIE Dann wäre sie sehr krank. Sie konnte es ohne den Laden hier in letzter Zeit nicht mehr aushalten.

ANN Ohne Bill.

ROSIE Bill und die Knöpfe, das ist fast dasselbe.

ANN Ja, denkst du?

ROSIE Ich kann es gut verstehen, Ann, weil es mir ähnlich geht. Ich sehne mich sonntags nach den Knöpfen, so wie ich mich nach Jack sehne, wenn er sonntags arbeitet. Jack und die Knöpfe –

ANN Ich möchte nicht sagen: John und die Knöpfe.

ROSIE John ist auch nicht Vertreter hier.

ANN Nein.

ROSIE Aber wenn er es wäre?

ANN Er wirds nie werden.

ROSIE Weshalb nicht? Er könnte froh sein.

ANN Lieber wartet er, bis er Arbeit in den Docks findet.

ROSIE Warte nur, bis du länger hier bist, Ann. Dann brennst du sonntags ebenso nach den Knöpfen wie wir.

ANN Dazu müßte ich eine Ewigkeit hier sein.

ROSIE *lacht* Eine Ewigkeit!

ANN Viertel vor fünf, Rosie. Jetzt kommt Jean nicht mehr.

ROSIE Ich gehe jetzt, Ann. Ich gehe heute früher weg. Ich wollte – Jack wollte –

ANN Geh nur!

ROSIE Bleib du auch nicht zu lange!

ANN Die Stunde ist bald um.

ROSIE *schon aus dem Vorhaus* Und hab keine Angst, Ann! *Ihre Schritte entfernen sich*

ANN June – Susan – Vernon – Gladis – Margaret – June – Susan – *sie wirft die Knöpfe hin* genug. Ich möchte nicht mehr. Ich habe genug davon.

Eine Tür geht draußen

ANN Bist du es noch, Rosie?

Schritte nähern sich

ANN Ist jemand hier?

BILL Nur Sie, wenn ich recht sehe.

ANN Ich bin erschrocken, Bill, ich dachte –

BILL Eins hängt eng mit dem andern zusammen. Jean nicht da?

ANN Nein.

BILL Den ganzen Tag nicht?

ANN Nein.

BILL Krank?

ANN Ich dachte, Sie wüßten –

BILL Sie denken immer, Ann! Das ist schlimm mit Ihnen. Gibt es denn keinen, der bereit wäre, es Ihnen abzugewöhnen?

ANN Ich bin froh, daß ich's mir angewöhnt habe.

BILL Schade. Sonst hätte ich mich erboten –

ANN Wahrscheinlich ist Jean krank.

BILL Ja. Sehr wahrscheinlich. *Er pfeift vor sich hin* Hier liegt ein Vernon im Fach von Gladis.

ANN Ein Vernon?

BILL Sie müssen besser achtgeben, Ann! Vorgestern abend fehlte derselbe Vernon, und wir mußten den Laden von oben bis unten durchsuchen.

ANN Hier lag er ja.

BILL Nicht zuviel denken, wenn Sie zählen, Ann! Ich bin Vertreter, aber was denken Sie, wenn ich beim Erzählen dächte?

ANN Ich denke gar nichts.

BILL Darauf wollen wir trinken!

Es schlägt sechs

ANN Ich möchte heute nichts trinken, Bill. Ich muß gehen.

BILL Schade. Es wäre ein Grund gewesen, um

zu feiern: einen Augenblick lang dachten Sie gar nichts.

ANN Ich gehe jetzt.

BILL Aber vielleicht holen wir's nach? Vielleicht morgen, Ann?

Im Freien

ANN Ich war allein mit ihm, John, außer uns beiden war kein Mensch im Haus, aber ich habe ihn nicht gefragt. *Nach einer Pause* Ich wußte nicht, wie ich beginnen sollte, ich brachte es nicht über die Lippen. Und ich hatte auch Angst, daß er mir kündigen würde.

JOHN Ich wünschte, er hätte es schon.

ANN Und was soll aus uns werden? Jean sagt auch, sie hätte deshalb nie gefragt.

JOHN Wolltest du sie nicht heute besuchen?

ANN Ich habe mirs überlegt, sie wohnt bei fremden Leuten und ich weiß die Hausnummer nicht. Wer weiß, ob es ihr angenehm wäre? Und dann – ich möchte nicht auch noch krank werden, ich kann es mir nicht leisten, immer aus der trockenen Hitze in den nassen Wind hinaus. Es liegt auch ganz aus unserer Richtung.

JOHN Ich habe heute etwas erfahren, Ann, es wäre möglich, daß es Arbeit gäbe. Nach sieben soll ich in die Lagerverwaltung kommen.

ANN Nur um zu hören, daß es wieder nichts gibt. Und du sagst, ich sollte von den Knöpfen weg.

JOHN Ich höre nicht auf, es zu sagen. Jean ist schon krank geworden.

ANN Von diesem elenden Nebel, von der Kälte und von dem Schnee, der keiner ist.

JOHN Von der trockenen Hitze und dem künstlichen Licht.

ANN Vielleicht von beidem, John. Aber wenn ich uns hier sehe, auf diesem schmutzigen Weg und in dem nassen Wind, dann bin ich froh, wenn ich an die trockene Hitze und das künstliche Licht denke. Und daß wenigstens ich – mir fällt eben etwas ein, John! Ich könnte Bill bitten, daß er dich auch nimmt. Ich meine, nicht ich sollte weggehen, sondern du solltest hinkommen, als Packer oder sonst was. Und später könnten wir dann beide weg.

JOHN Warte noch, laß mich noch einmal zur Lagerverwaltung gehen!

ANN Geh nur, aber ich gehe nicht mehr mit, ich möchte nicht mehr auf unsichere Arbeit warten. Bill sagt, unsere Knöpfe sind das einzige, das sich immer halten wird, immer wird es Leute geben, die sie kaufen, selbst wenn alles andere –

JOHN Selbst wenn alle andern zugrunde gehen sollten. Immer wird es Leute geben, die sich eure lächerlichen Zierknöpfe dorthin nähen, wo sie nicht hingehören, und nicht fragen, was sie bezahlen. Und solche wie dich, die sichs gefallen lassen, daß es hinter den Wänden kracht und täglich später wird.

ANN Nur bis Jean wieder gesund ist. Bill sagt, sie würden nicht mehr lange zuwarten. Noch drei Tage, und wenn sie bis dahin nicht wiederkommt, müßten sie eine andere nehmen.

JOHN Noch drei Tage, das gibt eine Woche und einen Wochenlohn –

ANN Gibt einen Knopf.

JOHN Keinen Knopf seid ihr ihnen wert, Ann.

ANN *lacht* Doch, John, einen. Gerade einen!

Raum in der Fabrik

BILL Tut mir leid, Kinder, aber wenn es so weitergeht, müßt ihr sonntags hierbleiben.

ANN Sonntags?

BILL Es hilft nichts. Was hier ist, muß ausgezählt werden. Der Berg muß weg.

ROSIE Mir macht es weiter nichts aus.

BILL Aber Ann, nicht wahr? Ann ist nicht ganz einverstanden?

ANN Ich bleibe schon hier.

BILL Keine Verabredung, Ann?

ANN *zögernd* Nein.

BILL Das ist gut so, das macht die Sache für alle leichter.

ROSIE Ich bin froh, wenn ich sonntags nicht zu Hause sein muß.

BILL Wir werden alles tun, um euch die Zeit zu vertreiben. Vielleicht gibt es auch einen neuen Knopf.

ROSIE O ja, darauf freue ich mich! Es wäre der erste, seit ich hier bin.

ANN Und wenn Jean vor Sonntag noch käme?

BILL Das würde natürlich alles ändern, aber offen gesagt, ich glaube es nicht. Wer bis Freitag nicht kommt, kommt auch sonntags nicht mehr.

Im Freien

JOHN Sonntags, Ann?

ANN Ja. Weil Jean fehlt.

JOHN Aber wir hatten doch verabredet –

ANN Ich konnte doch nicht anders, John, wenn alle andern –

JOHN Alle andern? Rosie.

ANN Und Bill.

JOHN Bill, richtig. Weshalb ich den nur immer wieder vergesse.

ANN Wärst du Vertreter bei uns, du könntest den ganzen Sonntag bei mir bleiben.

JOHN Wie schade, daß ichs nicht bin.

ANN Ja, sehr schade.

JOHN Und auch nicht werden will. Wie traurig, daß ich nicht Vertreter bei euch werden will, um bei dir sein zu können.

ANN Nimm es nicht zu ernst, John, es ist doch nur ein Sonntag. Und alles nur, weil Jean nicht gekommen ist.

JOHN Und abends? Ich meine, wie ist es mit heute abend?

ANN Da wollten wir – sie wollten alle miteinander etwas trinken gehen.

JOHN Auch nur, weil Jean nicht gekommen ist?

ANN Laß mich in Frieden, John.

In einem Gasthaus

BILL Nun sind Sie doch gekommen, Ann.

ANN Ja.

BILL Ich freue mich.

ANN Aber ich bin gekommen, Bill, weil ich dachte, daß alle andern mitkämen.

BILL Ja? Und ich hoffte fast, Sie wären gekommen, weil Sie dachten, daß nicht alle mitkämen.

ANN Wir hatten vereinbart –

BILL Ich hoffe es immer noch, aber wie auch sonst: Sie sind gekommen. Wollen wir darauf trinken?

ANN Wir wollten heute den neuen Knopf feiern.

BILL Den neuen Knopf? Der kommt erst Sonntag.

ANN Dann frage ich mich –

BILL Heute feiern wir Sie.

ANN Ich wüßte nicht, weshalb.

BILL Nicht?

ANN Ich wüßte nicht, was an mir wert zu feiern wäre.

BILL Einen neuen Knopf sind Sie mir immer noch wert. Ihr Wohl, Ann!

ANN Bill –

BILL Aber Sie trinken nicht.

ANN *zögernd* Und morgen –

BILL Feiern wir den neuen Knopf.

ANN Und später?

BILL Es wird jetzt immer etwas zu feiern geben.

ANN Immer? Viele Knöpfe?

BILL Viele Knöpfe.

ANN Und viele Male, Ann.

BILL So viele wie Sie wollen.

ANN Ich bin froh. Wenn ich mir vorstelle –

BILL Sie sollen sich jetzt nichts vorstellen.

ANN Wenn ich mir denke –

BILL Und auch nichts denken.

ANN Wenn ich mich erinnere –

BILL Sie sollen sich nicht erinnern.

ANN Es wäre mir auch allmählich zuviel geworden, ich war nahe daran –

BILL Es wird jetzt alles ganz einfach.

ANN Ich wünschte es. Manchmal möchte ich ganz klein sein, Bill, so klein –

BILL Daß ich Sie gerade noch in der Hand halten könnte?

ANN Das möchte ich.

BILL Ja?

ANN Aber der Wein ist mir in alle Glieder gegangen.

BILL Und Sie sind klein, Ann.

ANN Ich muß gehen.

BILL Ganz klein, so klein, daß Sie keinen Schritt mehr machen können!

Schritte

JOHN Ist es so weit?

ANN John?

JOHN Feiert ihr hier den neuen Knopf?

BILL Wir haben ihn noch nicht.

JOHN Ich möchte ihn gern mitfeiern. Ja, ich hätte ihn so gerne ein einziges Mal in meiner Hand gehalten.

BILL Zu früh!

JOHN Wie schade.

ANN Bleib hier, John!

JOHN Lieber nicht. Ich bin noch groß genug, um einige Schritte zu machen, Ann. Und das möchte ich ausnützen.

Im Freien

ANN Und wohin willst du?

JOHN Wo du nicht hin willst, zu allem, was jetzt etwas aus deinem Weg liegt.

Vielleicht zu Jean, nur um zu hören, was ihr fehlt und weshalb es seit acht Tagen niemand der Mühe wert findet, danach zu fragen – ich weiß schon, ich nehme alles viel zu ernst und ihr wolltet hier nur etwas trinken und es prasselt nur ganz wenig in euerm Laden und was kümmert mich das?

ANN Du findest keine Arbeit, John. Aber du beunruhigst mich täglich, du fragst mich täglich nach diesem lächerlichen Geräusch im Laden, du verlangst von mir, daß ich zu Jean gehe und mich vielleicht krank mache, und dann auch noch, daß ich mich ausschließe, wenn alle andern etwas trinken wollen. Finde doch endlich eine Arbeit und dann komm wieder und sag mir alles noch einmal. Geh doch an deine Docks und laß deinen Schatten von den Laternen hochziehen, wenn du nichts Besseres weißt, geh doch zu Jean!

JOHN Das will ich, Ann, da kannst du sicher sein.

BILL Lassen Sie ihn gehen, Ann.

ANN Ach, Bill.

BILL Es wird jetzt alles ganz einfach.

Raum in der Fabrik

ANN Und dann sagte er: es wird jetzt alles ganz einfach.

ROSIE Das sage ich schon lange. Und John?

ANN Ich weiß es nicht.

ROSIE Er wird dich heute doch wieder erwarten.

ANN Aber ich ginge am liebsten nicht hinunter. Wirklich, Rosie, am liebsten bliebe ich die ganze Nacht über hier.

ROSIE Und hättest keine Angst?

ANN Ich hätte keine Angst. Ich habe jetzt nur mehr Angst davor, heimzugehen, vor der immerwährenden Kälte und dem Regen da draußen, vor John, der Punkt sechs da unten steht und auf mich wartet.

ROSIE *lacht* Vielleicht erreichen wirs noch einmal, daß wir auch die Nacht über hierbleiben können.

ANN Vielleicht.

Im Freien

JOHN Ich war auch heute wieder bei der Lagerverwaltung, Ann.

ANN Und?

JOHN Dasselbe.

ANN Du hättest dir den Weg sparen können, alle Wege.

JOHN Das konnte ich vorher nicht wissen.

ANN Das konntest du wissen, John.

JOHN Ich spare sie mir bald.

ANN Es hat lange genug gebraucht. Wolltest du nicht Jean besuchen?

JOHN Ich wußte nicht einmal ihre Hausnummer, es war auch viel zu spät. Und als ich gestern abend dort herumirrte, wußte ich plötzlich – ich habe mir überlegt, ob es nicht doch besser wäre, wenn ich zu euch käme, Ann, ich könnte Knöpfe verpacken oder Kartons aufladen –

ANN Endlich, John.

JOHN Mir wäre alles recht.

ANN Und du kämst rasch hinein.

JOHN Ich möchte auch nicht, daß du die ganzen Tage und jetzt auch noch die Abende darinsteckst, während ich –

ANN Geh gleich hin!

JOHN Montag. *Zögernd* Es scheint mir viel zu lange. Daß ich nicht schon morgen kommen und dir helfen kann, Ann. Und daß ich dich den ganzen Sonntag über allein lassen soll.

ANN Den Sonntag, John, den überstehen wir noch.

Raum in der Fabrik

ROSIE Merkwürdig, sonntags hier zu sein. Findest du nicht, Ann?

ANN Ja, es ist stiller als sonst.

ROSIE Aber ich bin froh, daß ich hier bin. So

still wie zu Hause, wenn meine Mutter sich niederlegt und mein Vater in den Zoo geht, ist es noch lange nicht.

ANN Ich möchte wissen – *bricht ab*

ROSIE Was hast du?

ANN Horch!

ROSIE Ich höre nichts.

ANN Es waren auch nur Schritte unten auf der Straße. Ich dachte eben –

ROSIE Was dachtest du?

ANN Ich möchte wissen, ob man es auch heute hört.

ROSIE Was hört?

ANN Was wir sonst immer hören.

ROSIE Ach Gott, Ann!

ANN Ich möchte wirklich wissen, ob wir es auch heute hören werden.

ROSIE Ich wüßte nicht, weshalb wirs heute nicht hören sollten. *Gähnt* Wenn Jack schon käme.

ANN Es ist erst drei vorüber.

ROSIE Und Bill!

ANN Was meinst du, Rosie?

ROSIE Nichts. Jack sagte nur, er wollte, Bill wollte –

ANN Was wollte er?

ROSIE Er wollte den neuen Knopf mitbringen. Und es soll ein hübscher Knopf geworden sein, tomatenfarbig.

ANN Ja?

ROSIE Jack sagte, es hätte zuerst so ausgesehen, als ob er erdbeerfarbig würde, aber nun ist er doch tomatenfarbig geworden. Und länglich.

ANN Ich möchte wissen, woran es liegt, ob ein Knopf erdbeerfarbig oder tomatenfarbig wird.

ROSIE Jack sagt, das wäre im Grund ganz gleich. Verkaufen ließe er sich so und so.

ANN *müde* Dann ist ja alles in Ordnung.

ROSIE Und außerdem, sagt Jack, bliebe er nicht der letzte. Es kämen noch mehr neue Knöpfe nach. Und bald.

ANN Es wird heiß hier. *Sie öffnet das Fenster*

ANN Draußen sieht es wieder nach Regen aus.

ROSIE Sehnsucht nach deinen Docks?

ANN Laß mich in Frieden.

ROSIE Ich lasse dich ja.

ANN *aufmerksam* June – Margaret – Vernon –

ROSIE Margaret, Vernon, June, es wird auch Zeit, Ann, daß wir neue Knöpfe bekommen. *Das Geräusch hinter der Wand*

ANN Hörst du es jetzt?

ROSIE Ja. Und eigentlich klingt es ganz angenehm. Wirklich, heute freue ich mich, daß ich es höre. Es nimmt einem das Gefühl der Verlassenheit. Es macht den Sonntag allen andern Tagen gleich.

ANN *leise* Es dauert länger als sonst. *Die Tür geht*

BILL Abend, Kinder.

ROSIE Bill, da seid ihr endlich.

BILL Schön, euch auch sonntags hier zu haben. Als wären wir schon eine nette große Familie.

ANN Es war ein langer Tag.

BILL Wir wollten erst das rechte Licht abwarten. Für unsern neuen Knopf.

ANN Das rechte Licht!

BILL Vielmehr die rechte Dunkelheit. Damit ihr das gewisse Leuchten besser seht, die Tomatenfarbe.

ANN Bei allen andern Dingen wartet man das Licht ab. *Rascher* Und wenn es im Laden schon finster ist, nimmt man sie vor die Tür, um noch den letzten Schimmer darauf zu bekommen.

BILL Bei allen andern Dingen.

ANN Um dann auch bei Tag nicht enttäuscht zu sein.

BILL Sie sind ein kluges Kind, Ann. Aber bei gewissen Dingen ist es nötig, nachts nicht von ihnen enttäuscht zu werden. Und diese Dinge verkaufen sich im allgemeinen besser als alle andern.

JACK Zierknöpfe zum Beispiel.

BILL Das lernen Sie noch, Ann!

JACK Wie dieser hier. – *Er wirft einen Knopf auf den Tisch*

ROSIE Der neue Knopf!

BILL Wollen wir ihn jetzt feiern? Wir könnten zugleich den Augenblick noch einmal feiern, in dem Sie nichts dachten, Ann. Sie sollten ihn nicht vergessen.

ROSIE Ist er nicht wunderbar?

BILL Es war ein großer Augenblick.

ANN *zögernd* Es ist ein schöner Knopf.

JACK Ja. Er ist uns gelungen.

BILL *lacht* Nach großer Mühe!

ANN Er sieht aus wie –

BILL Ich würde sagen: er sieht aus wie ein Knopf. Ich habe diesen Vergleich bei Knöpfen immer noch für den besten gehalten.

ANN Gibt es noch mehr davon?

ROSIE Ja, habt ihr mehr?

BILL Ich dächte, daß es von Knöpfen immer viele gibt!

JACK Und einer wie der andere. *Er wirft eine Handvoll Knöpfe auf den Tisch*

ROSIE Ann, schau doch, hier!

JACK Und hier!

BILL Was sollte man mit einem einzigen?

ROSIE Schade, daß Jean nicht da ist. Sie wollte es immer so gerne mitfeiern, wenn ein neuer Knopf käme, sie wollte von allem Anfang an mit dabeisein.

BILL Ja. Sehr schade. Und daß sie auch nicht mehr kommt.

ANN Jean kommt nicht mehr?

BILL Nein. Jean kommt nicht mehr. Es ist ihr allem Anschein nach zuviel geworden.

ROSIE Die Arme. Daß sie auch gerade –

JACK Wollen wir jetzt trinken? Auf Jean?

ROSIE Ich dachte, wir trinken auf den neuen Knopf?

BILL Der Knopf heißt Jean.

ROSIE Das ist gut, Bill, das würde Jean freuen! So haben wir sie hier bei uns, auch wenn sie gar nicht hier ist!

JACK Auf Jean!

Im Freien

JOHN Da bist du, Ann!

ANN Ja? Bin ich wirklich da, John?

JOHN So nah und fest, Ann, wie –

ANN Wie die Knöpfe an deinem Rock.

JOHN Meinetwegen wie die Knöpfe an meinem Rock. Wie etwas, das immer bei mir bleibt. Und wenn du länger bleiben sollst, so bleibe ich jetzt auch, und wenn du sonntags arbeiten mußt, so arbeite ich mit, und wenn es Nacht werden sollte, von nun ab – was fehlt dir, Ann?

ANN Mir fehlt nichts.

JOHN Es war zuviel für dich, die Sorgen, diese Woche, in der es täglich später wurde, und heute noch der Sonntag. Aber jetzt wird alles gut. *Nach einer Pause* Ich denke heute schon den ganzen Tag darüber nach, weshalb ich nicht längst bei euch arbeite, weshalb ich mich so lange nicht entschlossen habe. Ich kanns nicht mehr verstehen.

ANN Es war wegen des Geräuschs in unserem Laden.

JOHN *nachdenklich* Wegen des Geräuschs in eurem Laden.

ANN Und weil dir manches nicht gefiel.

JOHN Ja, das ist wahr.

ANN Und weil ein neuer Knopf kommen sollte.

JOHN *lacht* Das ist kein Wunder in einem Knopfladen, Ann.

ANN *dringend* Und weil Jean nicht mehr kam.

JOHN Laß es genug sein. Ich weiß nicht, weshalb es mir vor drei Tagen noch so wichtig schien, sie zu sehen.

ANN Vielleicht, weil heute der neue Knopf schon da ist. John. Tomatenfarbig.

JOHN Tomatenfarbig?

ANN Und länglich, und wieder wie eine Frucht, die keine Frucht ist.

JOHN Und deshalb?

ANN Vielleicht auch deshalb, weil er seinen Namen schon hat.

JOHN Wie soll er heißen?

ANN Jean.

Raum in der Fabrik

ANN Jean, Jean, Jean, Gladis, Vernon – wenn ich euch wärmen könnte, wenn ich euch unter meiner Zunge – *hastig* Jean, Jean –

ROSIE *von unten* Ann!

ANN Ich komme schon.

ROSIE Weshalb schließt du dich ein?

ANN Weil ich heute früher hier war. Und da dachte ich, wenn jemand Fremder käme und die vielen Knöpfe –

ROSIE Bist du auch deshalb früher gekommen, Ann?

ANN Weshalb?

ROSIE Wegen der neuen Knöpfe, um sie bald wiederzusehen. Ich habe die ganze Nacht davon geträumt.

ANN Ja, ich auch.

ROSIE Und was hast du geträumt, Ann? Ich träumte, daß sie ein flaches Feuer wären, mit bestimmten Buchten, und das Feuer wollte immer hochbrennen und über die Buchten hinaus, und es konnte nicht, darüber war ich froh.

ANN Froh?

ROSIE Als ich erwachte, fiel mir ein, daß es jetzt für uns immer Sonntag bleibt. Weil wir die neuen Knöpfe haben.

ANN Was meinst du?

ROSIE Als wären alle andern im Zoo, nur wir

nicht. Wir wären heimlich hier und ordneten Knöpfe. Und immer ganz freiwillig, und als wäre es – ja, als wäre es immer gerade vier vorbei und wir erwarteten bald Bill und Jack und daß es finster würde. Und man hört nichts anderes als ein paar Schritte unten.

ANN *für sich* Und nichts mehr von der See her. Nicht einmal mehr das schwache Läuten von der Barackenkirche an den Docks.

ROSIE Was sagst du, Ann?

ANN Ich sage: vier vorbei, das ist die Zeit, zu der auch sonntags keine Glocken läuten.

ROSIE *unbekümmert* Und alles, weil wir die neuen Knöpfe haben? Aber weshalb hast du sie hier zu einem Berg gelegt?

ANN Weil ich sie anschauen wollte.

ROSIE Gibst du sie nicht ins Fach? *Als Ann nicht antwortet* Wie sie leuchten.

ANN Ist es nicht schon matter?

ROSIE Mir reicht es, es ist auch erst acht. *Fast jubelnd* Aber ich habe jetzt immer das Gefühl, daß es bald finster wird, Ann, immer!

ANN Wieviele zählst du?

ROSIE Sechsunddreißig. Bis morgen sind es mehr, Ann. Und übermorgen –

ANN Bill sagt es.

ROSIE Und von den ältesten gibt es die meisten.

ANN Ja.

ROSIE Gladis zum Beispiel.

ANN *zögernd* Ich stelle mir Gladis immer in einem grünen Kleid vor, wie sie vielleicht an einem Sommerabend an einer Brücke lehnt.

ROSIE Ich stelle sie mir an einem grünen Kleid vor, und an vielen andern. Jack sagt, von Gladis gäbe es so viele, daß er selbst nicht mehr sagen könnte, wohin sie sie alle verkauft hätten. Aber sie wären schon über die ganze Welt verstreut.

ANN Es macht mir Angst.

ROSIE Was?

ANN Daß es so viele von Gladis gibt und daß sie über die ganze Welt verstreut sind. Daß man, selbst wenn man wollte, Gladis nie mehr sammeln, daß man nie mehr alle von Gladis vereinigen könnte zu einem grünen Berg –

ROSIE Das finde ich herrlich, Ann. Daß ein Knopf überall zugleich ist. Daß sich vielleicht gerade eine Frau mit Gladis über ein Schiffsgeländer neigt und in die See schaut und eine andere fährt mit ihr im Lift hoch und eine dritte wirft ihr Kleid mit Gladis vielleicht gerade über eine Sessellehne in einem finstern Zimmer.

ANN Hör auf.

ROSIE Warum?

ANN *verzweifelt* Weil ichs nicht hören kann. Weil es mir Angst macht, daß jemand an so vielen Orten ist und niemals mehr an einem, weil keiner mehr die Arme um sie legen und sagen könnte: Gladis! Sie wärs nicht.

ROSIE Wer wär's nicht?

ANN Gladis, sie selbst. Sie wird nie mehr an einer Brücke lehnen und sich darüberbeugen, so wie Jean.

ROSIE Jean?

ANN Ja, wie Jean nie mehr an diesem Fenster lehnen und hinunterschauen wird, wenn wir sie nicht noch einmal sammeln und erwärmen und rufen –

ROSIE Natürlich wird Jean nie mehr an diesem Fenster lehnen. Weil sie nicht mehr kommt.

ANN Jean wird auch sonst an keinem Fenster lehnen.

ROSIE Weshalb nicht?

ANN Weil sie nicht mehr da ist.

ROSIE *lacht* Nicht mehr da!

ANN Nein, nicht mehr da, nicht hier und auch nicht unten auf der Straße. Wenn du jetzt Schritte hörst, so sind sie nicht von Jean.

ROSIE Weil sie nicht hier vorbeigeht.

ANN Und wenn du draußen von den Gleisen die Züge pfeifen hörst, so kannst du sicher sein: Jean ist in keinem. Sie steigt jetzt nirgends aus und streift ihr Haar zurück, sie geht durch keine Sperre.

ROSIE Das ist meine geringste Sorge, wo Jean jetzt ist.

ANN Sie ist auch nicht auf irgendeinem von den Booten, die draußen liegen oder abgefahren sind, und es gibt keinen Lift, in dem sie eben hochfährt, und kein Zimmer, selbst wenn es noch so dunkel wäre, in dem sie eben ist!

ROSIE *spöttisch* Sie muß ertrunken sein!

ANN Und keinen Grund in keiner See!

ROSIE Laß mich in Frieden, Ann, ich wills nicht wissen.

ANN Aber vielleicht wird sich sehr bald jemand mit Jean über ein Schiffsgeländer beugen und jemand fährt mit ihr im Lift hoch und jemand wird in einem dunklen Zimmer sein Kleid mit Jean über die Sessellehne werfen. Wenn es erst genug gibt!

ROSIE Was willst du, Ann?

ANN Daß wir sie sammeln.

ROSIE Sammeln?

ANN Und in unseren Händen wärmen, ehe sie verstreut sind.

ROSIE Und wozu?

ANN Vielleicht, daß dann der Berg hier, der so leuchtet, wie Tomaten nie leuchten würden, verschwindet und Jean wieder am Fenster lehnt.

ROSIE *lacht* Wie du redest, Ann.

ANN Hilf mir! Heute sind es noch wenig.

ROSIE *lauernd* Und morgen?

ANN Wenn es genug von Jean gibt, gibt es Jean nicht mehr.

ROSIE Und wenn du noch lange nachdenkst, gibt es dich nicht mehr, nicht hier, du wirst entlassen. Aber es ist die Hitze, die Hitze hier ist dir zu Kopf gestiegen, geh hinunter! *Als Ann zögert* Ich würde auch nicht warten.

ANN Nur bis Mittag.

Im Freien

JOHN Bring Jean nach Hause, Ann!

ANN Jean?

JOHN Was es von ihr gibt.

ANN Das kann ich nicht.

JOHN Du mußt nur warten, bis die andern alle gegangen sind, noch länger.

ANN Wenn es entdeckt wird, werde ich entlassen, John, oder viel Ärgeres. Und du wirst nie mehr angestellt.

JOHN Du mußt es tun, Ann, solange es so wenig sind, daß du sie alle nehmen kannst.

ANN Wenn ich gesehen werde?

JOHN Niemand sieht dich.

ANN Und wenn wir sie dann haben und es uns nicht gelingt?

JOHN Dann nimmst du morgen früh die Knöpfe wieder in den Laden zurück. Hab keine Angst!

Raum in der Fabrik. Eine Uhr schlägt viermal

ANN Vier Uhr.

ROSIE Schon vier!

ANN Mir schleicht die Zeit.

ROSIE Mir fliegt sie, ich bin den ganzen Tag so froh. Wenn ich nur daran danke, daß es bei uns anläuft, wenn die andern schließen, daß wir bleiben, wenn die andern entlassen werden. Daß wir die neuen Knöpfe haben, wenn alle andern den Betrieb einstellen. Und solche Knöpfe!

ANN Wir hätten keine, wenn wir nicht solche hätten.

ROSIE Und erst wenn ich sie anschaue, Ann: dann ist acht Uhr so nah von zwölf und zwölf so nah von vier und vier so nahe von sechs! Und alle Fächer mit allen Namen sind so nah, als hätte ich ein großes Fernglas vor oder als käme mitten im Zimmer Regen.

ANN Ich wollte, es käme Regen. Aber es kommt keiner, es kommt nur etwas, das wie Regen klingt, wenn mans nicht lange genug hört.

Schritte auf den Stiegen

ROSIE Da kommt Jack! Und Bill.

ANN Wenn mans lange genug hört, klingt es wie Feuer.

Die Tür

JACK Hier sind wir.

ROSIE Jack!

BILL Und stören euch wieder.

ROSIE Mich stört ihr nicht.

BILL Nur Ann.

ROSIE Sie sagte eben –

BILL Soviel ich hörte, war von Feuer die Rede.

ROSIE Sie sagte –

ANN Ich sagte: wie die Knöpfe leuchten.

BILL Ja, es ist ihre Zeit. Aber ihr solltet sie nicht so offen liegen lassen. Ihr könntet nicht dafür aufkommen, wenn etwas daran geschähe.

ANN *gleichgültig* Wir wollten sie gerade ins Fach geben.

BILL Das ist jetzt nicht mehr nötig, ich nehme sie gleich mit.

ANN Gleich jetzt?

BILL Setzt es Sie in Erstaunen? Diese Knöpfe sind lange schon bestellt. Zitterten jetzt nicht eben Ihre Hände?

ANN O nein.

BILL Aber die Füße, Ann. Ich sah es deutlich.

ANN Nur weil ich lange nicht darauf gestanden bin.

ROSIE Schade, daß ihr uns jetzt die neuen Knöpfe schon wieder wegnehmt, sie waren so hübsch anzuschauen!

BILL Es wird bald so viele davon geben, daß ihr genug habt.

ANN Das glaube ich auch.

BILL Was glauben Sie, Ann?

ANN Daß wir bald genug davon haben.

ROSIE Ann sagte vorhin –

ANN Ich sage gar nichts.

BILL *darüber hinweg* Mißmutig heute, Ann?

ANN Mir liegt der Sonntag noch in den Gliedern.

BILL Sie sollten einmal richtig schlafen!

ANN Hier sind die Knöpfe.

BILL Lang schlafen, viel schlafen, immerfort schlafen, Ann!

ROSIE Das sage ich schon lange.

BILL Liegen und schlafen und Ihr Köpfchen schonen.

ANN Ja, vielleicht.

BILL Und beim Erwachen etwas mehr an Ihr Vergnügen denken als an alle andern Dinge!

ANN Ja.

BILL Folgen Sie mir, Ann! Sie sind noch jung, und später ist keine Zeit mehr.

ANN Nein. Ich weiß.

BILL Es wäre gut, wenn Sies für länger wüßten. Dann ginge ich jetzt beruhigter und überließe Sie die beiden letzten Stunden wieder sich selbst.

ANN Sie können ruhig gehen.

ROSIE Aber die Knöpfe, Bill! Wollten Sie nicht die Knöpfe mitnehmen?

BILL Ganz recht.

JACK Rosie denkt auch an alles.

BILL Was Ann vergißt, nicht wahr? Auf morgen, Kinder!

ANN Bill!

BILL Ja?

ANN Ich wollte Sie noch bitten, ob ich nicht – ob es nicht möglich wäre, daß ich heute früher gehe?

BILL Nicht gerne, Ann. Sie wissen –

ANN Ich fühle mich nicht gut.

BILL Sie wissen, wie nötig Sie gerade jetzt hier sind. Und wieviele an Ihrer Stelle froh wären, hier nötig zu sein.

ANN Es ist nur heute.

BILL Das hoffe ich.

ANN Ganz sicher!

BILL Es sähe auch sonst so aus, als wollten Sie auf diese Weise den verlorenen Sonntag wieder einholen, Ann.

ANN Ja, ich weiß. Aber Sie sagten selber, daß ich schlafen sollte.

BILL Dann schlafen Sie! Aber nicht länger als bis morgen früh.

Die Tür geht

ANN Ich gehe dann jetzt auch.

ROSIE Schlaf gut!

ANN Das will ich.

ROSIE Und auf morgen, Ann!

Die Tür

ROSIE Gut, daß du hier bist, Jack.

JACK Und daß wir ganz allein sind.

ROSIE So froh war ich noch nie, als ich dich kommen hörte.

JACK *im Scherz* Noch nie?

ROSIE Nie, Jack.

JACK Ist etwas anders heute?

ROSIE Nichts. Es war nur – es kam ganz plötzlich. Ann hat mir Angst gemacht. Sie sagte – aber es ist alles Unsinn, es ist auch schon vorbei. Mir ist wieder ganz wohl, wie immer.

JACK Das ist gut, wenn dir wohl ist. Und Ann? *Ungeduldig* Was sagte Ann?

ROSIE *beginnt zu lachen* Weißt du, was sie sagte? Nein, es ist eigentlich – sie sprach von Jean.

JACK Von Jean?

ROSIE Sie sagte, daß wir Jean sammeln sollten, ehe sie verstreut wird. Daß wir die Knöpfe sammeln und in unseren Händen wärmen sollten, solange wir es können. Und dann – *sie stockt*

JACK Was hat sie dann gesagt?

ROSIE Sie sagte – *jetzt fremd, als sagte sie ein*

Gedicht auf – Vielleicht, daß dann der Berg hier, der so leuchtet, wie Tomaten nie leuchten würden, verschwindet und Jean wieder am Fenster lehnt.

JACK So. Das sagte sie?

ROSIE Ja.

JACK Und deshalb war ihr wohl auch nicht gut?

ROSIE Vielleicht und vielleicht sagte sie es auch, weil ihr nicht gut war. Weißt du, was ich denke: die Hitze ist ihr zuviel geworden.

JACK Sicher.

ROSIE Und was denkst du?

JACK Ich denke: Wie gut, daß sie dir nicht zuviel geworden ist, die Hitze, Rosie!

ROSIE Mir wird sie nie zuviel.

JACK *zärtlich* Ja, das ist gut.

Das Geräusch hinter der Wand

Im Freien

JOHN Ich dachte, du kommst nicht mehr, Ann.

ANN Das dachte ich selbst auch.

JOHN In Gedanken hörte ich dich eben wieder reden.

ANN Und wahrscheinlich sprach ich von dem Geräusch im Laden.

JOHN Ja.

ANN Ich werde jetzt nie mehr davon sprechen, John.

JOHN Was hast du?

ANN Nichts.

JOHN Die Knöpfe?

ANN Ich habe sie nicht. Aber es war nicht meine Schuld. Ich hatte mir alles schon zurechtgelegt, und dann kam Bill.

JOHN Und?

ANN Hat sie mitgenommen. Es war kurz nach vier. Ich nahm mir frei und ging hinter ihm her. War das nicht eben Bill da drüben?

JOHN Nein, du siehst schon Geister.

ANN Wir wollen etwas trinken, John!

JOHN Komm hier herein.

Gastwirtschaft am Hafen

ANN Ich wußte gleich, daß es nicht gut geht, schon zu Mittag und den ganzen Nachmittag lang. Und als ich Bill auf der Treppe hörte und als ich ihm nachging. Obwohl ich ihn vor mir sah in seinem grauen Mantel und der Mütze, war es mir doch bei jedem Schritt, als ginge er hinter mir. Selbst als er in dem Laden verschwunden war.

JOHN In welchem Laden?

ANN Schmuck und Knöpfe. Bill sagt, sie leben nur von uns, sie hätten längst schließen müssen, wenn wir nicht wären.

JOHN Das sagt Bill von allen Läden.

ANN Aber sie verkaufen dort im großen, John, und das war meine Hoffnung, ich dachte, daß sechsunddreißig Knöpfe noch zu wenig sind, um sie gleich im großen weiterzugeben.

JOHN Und dann?

ANN Ich sah Bill wieder herauskommen und ging ihm ein Stück nach. Er fuhr in der Richtung zur Fabrik zurück. Ich wartete noch eine Weile, dann ging ich in den Laden.

Im Laden

ANN Guten Abend.

VERKÄUFER Abend, Fräulein.

ANN Ich komme wegen der Knöpfe.

VERKÄUFER Die wir eben bekommen haben?

ANN Ja, es waren sechsunddreißig.

VERKÄUFER Ganz recht. *Nach einer Pause* Wir warteten schon lange darauf.

ANN Ich soll sie holen.

VERKÄUFER Holen?

ANN Sie sind nicht so wie sonst.

VERKÄUFER Noch schöner als die letzten.

ANN Nein, sie sind nicht in Ordnung.

VERKÄUFER Was sollte daran nicht in Ordnung sein?

ANN Es ist der Glanz.

VERKÄUFER Soviel ich sah –

ANN *verzweifelt, rasch* Sie können es jetzt nicht sehen. Aber sie hören bei Tag zu glänzen auf, sie werden matt in der Sonne.

VERKÄUFER Das sollen sie doch, Fräulein.

ANN Sie glänzen nur noch nachts.

VERKÄUFER Das ist es, weshalb sie gekauft werden. Keiner von Ihren Knöpfen glänzt bei Tag.

ANN Der sollte es.

VERKÄUFER Dann bliebe er liegen, dann hätten wir bei weitem nicht so viele Bestellungen. Nicht auf diesen und auch nicht auf die neuen.

ANN Auf die neuen?

VERKÄUFER Wollen Sie es ausrichten? Es gibt schon wieder eine Menge Bestellungen darauf.

ANN Ja.

VERKÄUFER Unter den alten Bedingungen.

ANN Natürlich.

VERKÄUFER Wissen Sie vielleicht, wann es endlich soweit ist? Die Namen kenne ich noch nicht. Aber wann wir sie haben können? Sie arbeiten doch in dem Laden.

ANN Das dürfen Sie mich nicht fragen.

VERKÄUFER Wenn Sie es dann nur ausrichten wollen? Wir warten.

ANN *erwacht* Ich richte alles aus, geben Sie mir nur diese jetzt zurück. Nur Jean!

VERKÄUFER Es tut mir leid, Fräulein, aber selbst, wenn ich es wollte, könnte ichs nicht mehr. Auf Jean lagen schon so viele

Bestellungen hier, daß wir sie gleich weitergegeben haben, gerade, bevor Sie kamen –

ANN Weitergegeben?

VERKÄUFER Ja. An einen kleinen Laden.

Raum wie vorher

JOHN An welchen Laden, Ann?

ANN Er nannte ihn mir. Es war irgendwo weit draußen und ich mußte fahren, wir waren nie in dieser Gegend, John. In der Untergrundbahn sah ich die Leute an, ich dachte immer, jemand trüge Jean schon an seinem Mantel. Aber ich sah nur einmal Gladis, an einem Mädchen auf der Rolltreppe, als ich umstieg. Sie funkelte, als wäre sie allein auf der Welt. Ich bekam wieder Angst, ich hatte immer noch das Gefühl, Bill wäre hinter mir, ich werde es mein ganzes Leben haben.

JOHN Trink und erwärm dich, Ann!

ANN Es war kurz nach fünf, als ich den Laden fand. Die Büros hatten eben geschlossen, und es waren eine Menge Leute auf der Straße – eine von diesen Vorstadtstraßen mit vielen kleineren Läden links und rechts, ich habe den Namen vergessen. Das Schaufenster war nur schwach erleuchtet, aber die Leute drängten sich davor. Ich sah über ihre Schulter. Dann sah ich Jean.

JOHN Jean?

ANN Ja. Das heißt: zwölf von Jean. Sie lagen auf einem Samtkissen zwischen Kissen mit billigerem Schmuck, Ringen mit falschen Steinen und vergoldeten Armbändern. Aber sie sahen abgesondert von allem andern aus, und jeder wieder so abgesondert von dem nächsten wie zwölf Leute in einem Flugzeug, das gleich abstürzen wird. Nicht mehr wie eins, wie jemand, den man rufen oder ansprechen könnte. Sie glänzten nur, und alle, die vor dem Schaufenster standen, sahen sie an. Ich mußte daran denken, daß Jean sich immer gewünscht hatte, von vielen gesehen zu werden. Ich sah sie auch an, John, ich dachte, daß sie mich erkennen müßte, aber die Knöpfe wechselten die Farbe nicht, sie glänzten deshalb nicht stärker. Eine Frau vor mir fragte eine andere, ob der Preis, der oben angeschrieben war, für alle Knöpfe sei oder für einen. Ich mischte mich hinein und sagte, für einen. Ich hoffte, es wäre ihr zu teuer, aber sie ging gleich hinein.

JOHN Und du?

ANN Ich wartete noch einen Augenblick. Die Leute vor mir begannen zu gehen, und neue kamen nach. Ich wurde abgedrängt, und als ich wieder vor dem Fenster stand, sah ich gerade noch, wie der Vorhang gegen den Laden schwankte. Das Kissen mit Jean war verschwunden.

JOHN Erzähl zu Ende, Ann.

ANN Es war ein kleiner, ganz gewöhnlicher Laden. Ich weiß noch, daß ich mich, als ich eintrat, wunderte, daß unsere Knöpfe auch hier verkauft wurden, aber Bill hatte ja gesagt, sie gingen überall. Eine Frau schob sich an mir vorbei auf die Straße. Die mich vorhin gefragt hatte, stand vor einem Spiegel und hielt Jean gegen ihren Mantel. Sie drehte sich, und sooft sie ins Dunkel kam, glänzte der Knopf stärker. Das gefiel ihr, John, ich sah es. Ein junger Mann stand daneben und lachte, es waren noch mehrere Leute im Laden. Ich drängte mich zu dem Verkäufer vor und sagte, die Knöpfe dürften nicht weiter verkauft werden, ich sagte dasselbe, was ich dem ersten gesagt hatte.

JOHN Und er sagte dasselbe, was der erste gesagt hatte?

ANN Ja, es sei unmöglich, die Knöpfe wären schon verkauft, drei davon, und vor einem Augenblick – ich wartete nicht ab, was er noch sagte. Ich dachte sofort an die Frau, die an mir vorbei hinausgegangen war, und rannte aus dem Laden. Ich sah sie noch, sie ging ein Stück weiter unten gegen die Autobushaltestelle zu. Ich lief ihr nach, John, und ich hätte sie erreicht, wenn mich nicht plötzlich jemand an meinem Mantel festgehalten hätte.

Auf der Straße

BILL Ann?

ANN Bill –

BILL Ich dachte, Sie schliefen.

ANN Ich wollte, ich schliefe und hätte alles geträumt.

BILL Vor allem mich vermutlich.

ANN Lassen Sie mich gehen!

BILL Ich lasse Sie schon eine ganze Weile und gehe einfach hinter Ihnen her.

ANN Das dachte ich.

BILL Und ich wollte, ich träumte, daß Sie sich unter gewissen Vorwänden früher freinehmen, um Dingen nachzugehen –

ANN Lassen Sie mich jetzt!

BILL Sie wissen, daß es mich ein Wort kostet und Sie sind entlassen.

ANN Das weiß ich.

BILL Dann verstehe ich Sie nicht.

ANN Tun Sie, was Sie wollen!

BILL Sie wissen auch, was das für Sie bedeutet, Ann? Daß die Betriebe schließen und die

Docks leerliegen, daß heute kein Laden jemanden neu einstellt. Sie finden heute keine neue Stelle. Sie können alt werden, eh' Sie –

ANN Lassen Sie mich alt werden, Bill.

BILL Und John?

ANN Aus Ihrem Spiel.

BILL Soviel ich läuten hörte, wollte er zu uns.

ANN Sie hören nichts läuten, Bill. Sie hören nur ab und zu, was hinter den Ladenwänden kracht. Das klingt nicht wie von Glocken.

BILL Bei uns hätten Sie Arbeit, Ann. Und keine schwere. Sie kommen um halb neun und gehen um halb sechs. Sie sind eingearbeitet und alles ist Ihnen vertraut. Und am Wochenende bekommen Sie Ihr Gehalt. Sie sind geborgen.

ANN Ich weiß, zuletzt in Fächern.

BILL Bei uns wären Sie sicher, Ann!

ANN Weil ich Ihnen sicher wäre. Wie Jean.

BILL Wenn Sie jetzt gehen, gehen Sie für immer.

ANN *schon aus der Ferne* Ich gehe, Bill!

Raum wie vorhin

ANN Ich begann dann gleich wieder zu laufen, ich rannte hinter der Frau mit Jean her, aber Bill hatte mich zu lange aufgehalten, ich sah sie nicht mehr und es wurde auch schon finster. Ich lief in der Richtung, in die sie gegangen war. Dann sah ich sie vor mir. Sie blieb an der Straßenbahnhaltestelle stehen, und ich wollte auch stehenbleiben, aber in demselben Augenblick sah ich eine andere in eine Seitengasse einbiegen. Ich lief ihr nach, die war es. Oder doch die andere?

JOHN Wußtest du denn nicht –

ANN Ich hatte sie nur flüchtig angeschaut, ich wußte es nicht. Aber als ich durch diese finstere, verlassene Gasse rannte, sie war nur kurz und endete schon bald in Bauplätzen und Feldern, als ich da lief, an armseligen, schnell aufgebauten Häusern und an der Planke eines Fußballplatzes vorbei, und immer hinter dieser fremden Frau her, da dachte ich, ob es nicht besser wäre, zu Bill zurückzugehen. Ihn hätte ich gefunden.

JOHN Und die Frau?

ANN Ich war jetzt dicht hinter ihr, und außer uns beiden war kein Mensch da. Hinter dem Fußballplatz schimmerten noch einige verstreute Lichter, sie mußten von Siedlungshäusern sein. In eins von ihnen würde sie hineingehen, wenn ich nicht – ich bin gleich zu Ende, John.

JOHN Hast du sie angesprochen?

ANN Nein. Aber als ich ganz dicht hinter ihr

war, drehte sie sich plötzlich um und sah mich an. Sie sah sehr ängstlich aus.

JOHN Und hast du sie gefragt?

ANN Sie war es nicht, John. Vielleicht war es die andere, die an der Haltestelle, vielleicht auch eine dritte, die ich gar nicht sah, vielleicht waren es viele, die Jean schon gekauft hatten. Und eine von ihnen fährt jetzt gerade mit dem Zug nach Süden, und eine andere hat ihren Platz auf einem von den Booten belegt, und die dritte –

JOHN Sei ruhig, Ann.

ANN Es war umsonst, wir finden Jean nicht mehr. *Nach einer Pause* Wär ich ihr nur nicht nachgelaufen, dann hätte ich doch diese Woche noch meine Arbeit. Und nächste Woche –

JOHN Gäbe es vielleicht schon die himbeerfarbigen Knöpfe, die in der Auswahl fehlen und die die Farbe nicht wechseln, wenn man sie ansieht.

ANN Was wissen wir, John?

JOHN Das dachten die andern sicher auch zu Beginn, Gladis und Susan –

ANN Sie sind nicht aus den Knöpfen wieder hervorgesprungen!

JOHN Jean.

ANN Ich weiß nicht, was Jean denkt, nicht einmal, wo sie her ist. Aber vielleicht sitzt sie gerade in ihrem Heimatort beim Tee oder sie geht spazieren? Vielleicht ist alles zum Lachen.

JOHN Ja, vielleicht. Man müßte es nur glauben können.

ANN Ich glaub es jetzt beinahe, ich bin müde. Ich hätte gern noch etwas zu trinken, John.

BILL Wenn ich Sie einladen dürfte?

ANN Das wußte ich. Ich wußte, daß Sie noch immer hinter mir her sind, Bill!

BILL Wenn es auch nur wäre, um Abschied zu feiern.

ANN Der Abschied lohnt nicht.

JOHN Und Bill ist nicht hinter dir her. Es war ein Zufall, daß er hier hereinkam.

BILL Ganz recht!

JOHN Und er wird sich von uns nicht stören lassen.

BILL Ich ließe mich durchaus von Ihnen stören.

ANN *ängstlich* Wir wollen gehen.

BILL Schade. Ich ließe mich sonst auch von Ihnen einladen, John. Bei Ihren Aussichten!

JOHN Die sind nicht so, daß es in meiner Macht läge, Sie einzuladen. Mein Glück.

BILL Es war mein Ernst. Ja, ich möchte sagen: es war etwas mehr als mein Ernst.

JOHN Es ist immer etwas mehr als Ihr Ernst.

Das ist es, was mich vom ersten Augenblick an mißtrauisch machte.

BILL Um es genauer zu sagen: ich trage Ihre Aussichten in meiner Tasche.

JOHN Das klingt nicht gut, die Aussichten sind mir zu finster.

BILL Ich möchte fast behaupten, daß die Aussichten am Hafen noch finsterer sind. Soviel ich hörte –

JOHN Lassen Sie doch den Hafen meine Sorge sein, Bill, und Ihre Tasche die Ihre.

ANN Bleib, warte, John!

BILL Ich habe Ihren Vertrag bei mir.

ANN Sieh ihn dir an!

JOHN Lassen Sie sehen, Bill! Das muß dieselbe Tasche sein, in die Sie Ihre Knöpfe packen.

BILL Es ist ein Vertrag, der drei Gläser Whisky leicht wert wäre.

JOHN Ich habe ein weiches Herz, mir täte der Whisky leid.

BILL Sie wollten als Packer zu uns kommen, John. Nun ist eine Vertreterstelle frei geworden.

JOHN Das wundert mich, das muß ein Zufall sein!

BILL Mit steigendem Gehalt.

JOHN Sind Sie entlassen, Bill?

BILL Das ist nicht nötig.

JOHN Oder wachsen Ihnen die Knöpfe über

den Kopf? Werden es immer mehr? Das muß es sein, Bill, daran liegts, es gibt zu viele Knöpfe auf der Welt. Und eines Tages wird es mehr Knöpfe geben als Röcke, um sie daranzunähen.

BILL Kommen Sie zu uns, John!

JOHN Nein, ich fürchte diesen Augenblick zu sehr. Ich fürchte, daß ich dann noch schneller entlassen bin, als Sie mich jetzt rufen.

BILL Darüber müssen Sie sich keine Sorgen machen, Sie werden nicht entlassen. Unsere Knöpfe werden immer verlangt.

JOHN Und dann noch eins, Bill: Ich habe Ann lieber an meinem Arm als in der Tasche.

BILL Zum Teufel mit Ihnen!

JOHN Ich fürchte, der Teufel steht nicht gerne Schlange an der Lagerverwaltung.

ANN Ich möchte gehen, John.

JOHN *schon von der Tür her* Dem sind die Docks zu leer.

Im Freien

ANN Wie es jetzt regnet.

JOHN Nur Regen, Ann, nichts, was wie Hagel klingt.

ANN Ich fürchte mich auch nicht mehr.

JOHN Oder wie das Prasseln von Flammen.

ANN Und morgen?

JOHN Ich gehe morgen wieder zur Lagerverwaltung.

ANN Diese finstern Docks, John.

JOHN Aber der Wind hat gedreht, er kommt jetzt von der See her.

ANN Es sieht nach einer klaren Nacht aus.

Vorbemerkung zu ›Besuch im Pfarrhaus‹

Jedem von uns dringen täglich viele Worte ans Ohr, Fragen, Antworten, Teile fremder und eigener Gespräche. Den Stimmen eines Tages nachzugehen, sie zu erforschen, unter ihnen zu wählen oder sie zusammenzufassen und einzuschmelzen, sie von Geräuschen zu reinigen, habe ich hier versucht.

Die Fragen seiner Köchin und seiner Pfarrkinder, der Wind, die Vogelrufe, die er hörte, seine eigenen Reden über den Zaun, geben sich am Abend eines Sommertages einem alten Pfarrer zu erkennen, in ihrem Anspruch und ihrer Trauer, zusammengeschmolzen zu zwei Kinderstimmen, die ihm die Geister der Gegend wachrufen, die der Nachbarn und der in der Nähe beerdigten fremden Flieger, verdeckter Ängste, vergessener Schreie, die Geister der Lebendigen und Toten.

Besuch im Pfarrhaus

Personen

PFARRER
ERSTES KIND
ZWEITES KIND
LISBETH
BOOTSVERLEIHERIN
HAUPTMANN
SOLDAT
DAME
ERSTER FLIEGER
ZWEITER FLIEGER
DRITTER FLIEGER
VIERTER FLIEGER
FRAU KORINKE
HOLGER

»Jochträger, Jochträger,
sag' der Sture Mure,
die Rauhrinde sei tot.«

ADALBERT STIFTER
›KATZENSILBER‹

Im Zimmer

PFARRER — Nun? Wie war der Sonntag? *Als er keine Antwort bekommt* Denn so ein Tag ist lang für junge Gäste, Verwandte aus der Stadt oder dergleichen –

ERSTES KIND — *kichert* Dergleichen!

PFARRER — Und in sehr vielen Pfarrhäusern ist es seit langem üblich, abends zu erzählen. Darum erzählt, ihr Kinder, was habt ihr getan?

ERSTES KIND — Von früh an?

ZWEITES KIND — Weißt dus noch?

ERSTES KIND — Wir standen auf und schlichen rasch hinunter.

ZWEITES KIND — Auf Socken. Und schlüpften in die Schuhe erst im Garten.

ERSTES KIND — Und pflanzten dem Pfarrer eine Hecke ums Haus.

PFARRER — *überrascht* Mir? Ach ja, ich erinnere mich. Aber das war sehr früh.

ERSTES KIND — *ohne sich beirren zu lassen* Da trat der Pfarrer heraus.

Vögel, Geräusche des Morgens im Garten

PFARRER — Was wollt ihr, Kinder, und so früh am Morgen?

ERSTES KIND — Wir haben Ihnen ein Halsband ums Haus gelegt.

PFARRER — *lacht* Das soll mir wohl die Bienenstöcke vor den Wölfen schützen?

ERSTES KIND Das solls!

PFARRER Aber ein schöner Morgen, wie Wasser. Ich habe mir heute meine Kanone schon hell gerieben.

ZWEITES KIND *lebhaft* Das Mündungsfeuer!

PFARRER Wollt ihr Kaffee?

ERSTES KIND Wir sollten auch noch zur Frau Bootsverleiherin.

PFARRER Aber auf eine Tasse?

ERSTES KIND Auf eine Tasse, ja.

PFARRER Kommt jetzt herein! *Das Scharren der Schuhe auf dem Eisen vor der Tür*

Im Zimmer

ZWEITES KIND Beim Herrn Pfarrer ist es immer, als ob eingeheizt wäre.

ERSTES KIND Der weiße Ofen!

PFARRER Ihr dürft ihn anrühren, er ist kalt wie Schnee.

ZWEITES KIND Und glatt.

PFARRER Lisbeth! *lauter* Lisbeth!

LISBETH Herr Pfarrer?

PFARRER Kaffee für die jungen Herrschaften.

LISBETH Kaffee. *Sie schließt wieder die Tür*

PFARRER *zögernd* Ich habe euch gerufen, weil ich Angst habe.

ZWEITES KIND Angst?

PFARRER Davor, daß unsere Sonne schwarz wird. Ich habe ein Buch gefunden, da steht es darin. *Nach einem Augenblick* Ich habe öfter Angst.

ERSTES KIND *ruhig* Wo ist es?

ZWEITES KIND Ein altes Buch?

PFARRER *zerstreut* Alt? Ja, ein altes Buch, hier ist es. *Blättern* Und hier steht das von der Sonne.

ERSTES KIND *lacht* Wer hätte das gedacht?

PFARRER Gestern sah ich drei alte Schwestern auf der Straße streiten und konnte sie nicht trennen. Da hätte ich mirs denken können.

ZWEITES KIND Und heute?

PFARRER Heute morgen fiel mir das Buch in die Hände, durch Zufall. So wie man manchmal einen Band von der Stellage nimmt, mit Sonetten. Oder mit den schwedischen Sagen.

ERSTES KIND Ja, die sind gut.

PFARRER Aber heute fand ich keine Sagen. Nur diesen Band, er war nach hinten gefallen, und ich nahm mir nicht einmal die Zeit, den Staub von seinem Rücken zu blasen. Ich schlug ihn auf, da stand es gleich vor meinen Augen, weit oben links –

ERSTES KIND *wie einen Kehrreim* Daß unsere Sonne schwarz wird!

ZWEITES KIND Einmal!

PFARRER Für allemal. Ich las es, und mir begannen die Knie zu zittern.

ZWEITES KIND Armer Herr Pfarrer!

PFARRER Die Pelargonien bewegten ihre Blätter im Morgenwind, so weiß ich es für immer. *Er schlägt die Hände vors Gesicht* Ich weiß es jetzt für immer.

ERSTES KIND *aufmerksam* Die Pelargonien bewegten ihre Blätter im Morgenwind.

PFARRER Ich ging dann rasch meine Kanone putzen. Kein Wolf im Wäldchen. Ich dachte, vielleicht ist es gut, daß Pfarrer Bienen haben und kleine ungeladene Kanonen links vom Haus.

ZWEITES KIND Mit ihrem Mündungsfeuer!

LISBETH *kommt herein* Hier ist der Kaffee.

PFARRER Dann trinkt ihn, Kinder.

ZWEITES KIND *essend* Und der Herr Pfarrer meint, wenn dann die Sonne schwarz wird, so leuchten doch die Bienen vom Herrn Pfarrer?

PFARRER Vielleicht. Und die Kanone.

ZWEITES KIND Der Fluß rauscht dann nur mehr, der Wald wächst zu, aber dem Pfarrer seine Bienen leuchten.

PFARRER Schmeckt euch der Kuchen?

ZWEITES KIND Ja.

ERSTES KIND Wir müssen auch noch zur Frau Bootsverleiherin.

PFARRER Zu meiner alten Freundin.

ZWEITES KIND Sie hat ein Krokodil gesehen, es war grün. Sie will es fangen und in ihren Garten breiten für den Herbst.

PFARRER Manchmal glaube ich, sie denkt weiter voraus als ich.

ERSTES KIND Ja, sie denkt weit.

ZWEITES KIND Aber es soll Geheimnis bleiben.

PFARRER Ich kenne meine Nachbarin.

ERSTES KIND Es ist auch noch nicht sicher, ob es ein Krokodil war, das sie gesehen hat, sie schwimmen selten hier im Norden.

PFARRER Natürlich.

ZWEITES KIND Aber schön wäre es.

ERSTES KIND Du plauderst alles aus.

ZWEITES KIND Und du?

ERSTES KIND Ich vielleicht nicht?

PFARRER *stöhnend* Die schwarze Sonne!

ERSTES KIND Herr Pfarrer?

PFARRER Ja?

ERSTES KIND Wenn es mehr Wölfe gäbe?

PFARRER Das darf ich mir nicht wünschen.

ZWEITES KIND *eifrig* Wäre es kein Trost? Wenn sie über die Flüsse kämen? Alle Gedanken an die Sonne vergingen schnell. Man müßte Hecken und Drähte richten und in den fernen Höfen die Bauern aufbieten.

ERSTES KIND Wär es kein Trost, Herr Pfarrer?

ZWEITES KIND Sensen und Sicheln!

ERSTES KIND Und in den Sträuchern grüne Augen.

ZWEITES KIND Die Frau Bootsverleiherin sagt, grün ist gut für die Augen.

PFARRER Ich weiß nicht, liebe Kinder. Ich weiß es nicht.

LISBETH *von draußen* Herr Pfarrer, Ihre Bienen!

PFARRER Ja, ich komme.

LISBETH Sie schwärmen.

PFARRER Ja, ich komme.

ZWEITES KIND Wie hell der Sand ist, den der Herr Pfarrer über seine Dielen gestreut hat. Wie auf frische Tinte.
Das letzte schon leiser

Geräusche des Sommermorgens, die plötzlich abbrechen
Im Zimmer

ERSTES KIND Soweit.

ZWEITES KIND Wir haben dem Herrn Pfarrer die Hecke um die Bienenstöcke gelegt.

ERSTES KIND Wir haben beim Herrn Pfarrer Kaffee getrunken.

PFARRER Genug von mir.

ZWEITES KIND Sollen wir dem Herrn Pfarrer die Wölfe schicken?

PFARRER Vielleicht.

ERSTES KIND Damit das Helle wieder golden wird?

PFARRER Vielleicht.

ZWEITES KIND Der helle Sand, von den Wolfsfüßen beschmutzt.

ERSTES KIND Aber der Herr Pfarrer meint, er dürfte sichs nicht wünschen.

PFARRER *schweigt*

ERSTES KIND Der Herr Pfarrer meint, es wäre nicht zugelassen.

ZWEITES KIND Armer Herr Pfarrer!

ERSTES KIND *lacht* Mit seiner schwarzen Sonne.

PFARRER Erzählt nur weiter. Was habt ihr noch getan?

ZWEITES KIND Über die Wiese, die niemandem gehört –

ERSTES KIND Wir sind dann über die große Wiese zur Bootsverleiherin gegangen.

ZWEITES KIND Wir hatten ihrs versprochen.

ERSTES KIND Wir haben ihr die Zäune in einen stumpfen Winkel gerückt und die Bosketten danach gerichtet.

ZWEITES KIND Wir haben ihr die Fensterrahmen mit Kreide bestrichen.

ERSTES KIND Und den Pflock am Fluß.

ZWEITES KIND Wir haben ihr die Boote gefaltet –

ERSTES KIND Die blauen und die weißen.

ZWEITES KIND Sie stand auch schon am Steg.

Wieder im Freien

BOOTSVERLEIHERIN Da seid ihr, Kinder! Es ist spät am Morgen.

ERSTES KIND Wir haben beim Herrn Pfarrer Kaffee getrunken.

ZWEITES KIND Und ihm eine Hecke um die Bienenstöcke gepflanzt.

ERSTES KIND Orange, wenn sie erst blüht.

BOOTSVERLEIHERIN Ja, das ist hübsch.

ERSTES KIND Er hat auch schon ein Buch gelesen.

ZWEITES KIND Von einer schwarzen Sonne.

BOOTSVERLEIHERIN Mein armer Freund. *Zerstreut* Ich habe auch gelesen, ich schlief so schlecht.

ERSTES KIND Das Krokodil?

BOOTSVERLEIHERIN Ich sahs um fünf. Noch vor dem Wald, dort wo der Fluß die Biegung macht. Es hob den Kopf über das nasse Gras. Die Buchenwipfel rauschten über ihm, die Halme sprühten.

ZWEITES KIND Und dann?

BOOTSVERLEIHERIN Verschwand es wieder. Der Phlox sprang auf vor Schreck. Ich schlief gleich weiter.

ERSTES KIND Was sollen wir jetzt tun?

BOOTSVERLEIHERIN Ich wollte bitten, daß ihr mir hier eine Bank ans Ufer stellt, noch vor die Mauer, damit ich besser danach ausschauen kann. *Nach einem Augenblick* Ich las gerade wieder, daß grün zu allen Zeiten gut war für die Augen. So will ich dann, wenns nicht mehr Juni ist, die Büsche weit von mir, wenn ich am Fenster lehne, die Wiesen gelb – ich will mir dann das Krokodil hier auf den Rasen legen und still betrachten, als etwas Seltenes in unserm hohen Norden *entfernter* und meinem Himmel danken.

Im Zimmer

ERSTES KIND Die Bank war schnell nach vorn getragen.

ZWEITES KIND Weiß und geschwungen.

ERSTES KIND Und der Oberteil höher als der untere.

ZWEITES KIND Die Frau Bootsverleiherin hat sich gleich daraufgesetzt.

Im Freien

BOOTSVERLEIHERIN *seufzend* Da sitzt sichs gut, Kinder, der Blick ist grade recht. Wenn ich mir jetzt die Blüten hinterm Fluß betrachte –

ERSTES KIND Was blüht denn dort?

ZWEITES KIND Es ist der Löwenzahn.

BOOTSVERLEIHERIN Dann sage ich mir: Es ist doch gut, daß wir auf einer Kugel leben.

ZWEITES KIND *das über die Wiesen schaut* Die Bienen vom Herrn Pfarrer schwärmen.

BOOTSVERLEIHERIN Das tun sie, ja.

ERSTES KIND Sollen wir jetzt das Fernglas holen?

BOOTSVERLEIHERIN Ja, holt es. Und vergeßt nicht, meine Zäune zu richten, und die Bosketten –

KINDER Nein, nein!

BOOTSVERLEIHERIN Und meine Fenster und den Pflock am Fluß –

KINDER *schon von weiter* Nein, nein!

BOOTSVERLEIHERIN Und mir die Boote dann zu falten, das blaue und das weiße –

KINDER Nein.

BOOTSVERLEIHERIN Es wird ein heißer Tag. *Für sich* Mein Krokodil träumt vielleicht noch bei der Biegung am Wäldchen und springt im Schlaf nach Hasen. Fast glaube ich, es müßte unser hoher Norden den Krokodilen angenehmer sein mit seinen Buchenblättern. Das Wasser perlt, wenn sie springen und fließt an ihnen ab. Die Flüsse haben hier ganz andere Namen und manchmal fällt ein Tannenzapfen von oben rasch herunter. So ist es. *Sie lehnt sich aufatmend zurück* Der Sand hat grüne Schatten und trägt sie weiter, der Kies ist rundgeschliffen. *Aufgeregt* Da war es wieder, da wars!

ERSTES KIND *leicht außer Atem* Hier ist das Fernglas, Frau Bootsverleiherin.

BOOTSVERLEIHERIN Jetzt noch die Boote!

ZWEITES KIND Die sind rasch gerichtet.

ERSTES KIND So.

ZWEITES KIND Und so.

Man hört etwas wie das Brechen von Holz

BOOTSVERLEIHERIN Gut!

ERSTES KIND Wie sie schaukeln.

ZWEITES KIND Dürfen wir dann ein Stück hinunterfahren?

BOOTSVERLEIHERIN Aber gebt acht und weckt mir niemanden. *Ungeduldiger* Ja, nehmt es nur, das blaue. Vorsicht, der Pflock!

Im Zimmer

ERSTES KIND *aufatmend* So wars.

BOOTSVERLEIHERIN *noch aus dem Freien* Und gute Reise!

ZWEITES KIND So fuhren wir davon.

ERSTES KIND Das Krokodil lag auf dem Grund und schlief.

ZWEITES KIND Es war schön darüber hinzufahren, ganz glatt.

ERSTES KIND So wie ich mir den Michigansee vorstelle.

PFARRER Welchen See?

ERSTES KIND Den Michigansee.

PFARRER Ja, jetzt verstand ichs.

ERSTES KIND Aber von weither gesehen.

PFARRER Ich habe es verstanden.

ZWEITES KIND So fuhren wir hinab.

ERSTES KIND Bis zu dem Denkmal, das auf der Lichtung steht.

ZWEITES KIND Von dem Soldaten, der sein Hemd verkehrt anhatte.

ERSTES KIND Dort ist sonst gar nichts weiter, wenig Menschen.

ZWEITES KIND Nur die alte Fahrstraße führt am Rand vorbei.

ERSTES KIND Wir machten unser Boot fest.

ZWEITES KIND Wir erreichten sie bald.

PFARRER *belustigt* Und wie war das mit dem Soldaten, der sein Hemd verkehrt anhatte?

Wind, Brandung, Möwengeschrei

HAUPTMANN *scharf* Wie wars?

SOLDAT Ich erwachte um fünf, Herr Hauptmann. Die Früh war schneidend hell. *Gelächter*

SOLDAT *leise, hastig* Ich stieg rasch auf den Leuchtturm und sah von oben die Weiden unten liegen und Tauchstationen –

HAUPTMANN Die See?

SOLDAT War ruhig, Herr Hauptmann. Schafe zur Rechten und Linken, Festungstrümmer, von Spinnweb überzogen –

HAUPTMANN Die kriegen wir auch noch.

SOLDAT Eine Dame stand auf der Heide und fotografierte den Morgen. Ich rief sie an und fragte sie, was sie daran fände.

DAME *von unten* Die Raben, mein Lieber! Die Raben auf den Fellen und in den Sträuchern!

HAUPTMANN Mein Fernglas!

DAME *ängstlich* All der Glanz.

HAUPTMANN *lachend* Verkehrt herum!

SOLDAT Das ist wahr mit den Raben. Aus der Ferne von der frischgebauten Straße winkten zwei Kinder.

ZWEITES KIND *flüsternd* Das waren wir!

HAUPTMANN Wie weit?

SOLDAT Zwei Meilen ungefähr, die Jahre weiß ich nicht.

ZWEITES KIND *lauter* Es können gut achtundzwanzig gewesen sein.

HAUPTMANN *streng* Das war zu Beginn welchen Krieges?

SOLDAT Des vierten?

HAUPTMANN Nein, des fünften.

ERSTES KIND Wir wollten bloß ein Stück mitfahren.

HAUPTMANN Im Krieg?

ERSTES KIND Keine Ahnung davon.

ZWEITES KIND Es war zwei Tage, ehe er begann!

DAME *versunken* Ein strahlender Tag.

HAUPTMANN Das sind fast immer strahlende Tage.

SOLDAT *ungeduldig* Ich hatte keinen Wagen. So lief ich durch die Dünen und begab mich aufs Wasser.

HAUPTMANN Sie schienens eilig zu haben.

SOLDAT Die Zeit vergeht so langsam, Herr Hauptmann, ehe man füsiliert wird.

ERSTES KIND *lacht leise*

DAME *verträumt* Wußten Sies denn schon?

HAUPTMANN Hatten Sie denn überhaupt schon gemerkt, daß Sie Ihr Hemd verkehrt – die frühe Morgenstunde und die Möglichkeiten der Auslegung: Tarnung, Desertion?

SOLDAT Die See war glatt wie sonst nie. Schatten nur auf dem Festland, die Tore der ungebauten Städte mit den Vögeln darauf, Wächter- und Schmiedehäuser und viele Töchter, alle aus den Liedern, die Chöre aus den ungebauten Kirchen. Und dann das Schlagen der Schatten, das weiß niemand, wie die Schatten schlagen.

HAUPTMANN Schluß jetzt damit, Schluß, Schluß! *Eine Salve*

Im Zimmer

ZWEITES KIND — Aber wo tote Helden sind, bleibt es nicht leicht bei einem.

PFARRER — *mit heiserer Stimme* Weiter!

ERSTES KIND — Nicht viel weiter davon hörten wir wieder Stimmen.

PFARRER — Und wem gehörten sie?

ZWEITES KIND — Den Fliegern, die vom Himmel fielen.

ERSTES KIND — Wieder eine Lichtung und das Brausen der Sträucher ringsherum.

ZWEITES KIND — Und unsere Schritte, ehe wir uns still verhielten.

ERSTES KIND — Horch!

Wind in den Sträuchern, wieder Vögel

ERSTER FLIEGER — *etwas aus der Ferne, aber deutlich* Mein Soldbuch schwamm davon, eh sie mich zu der hellen Kirche trugen.

ZWEITER FLIEGER — Das meine riß im Sturz.

DRITTER FLIEGER — Und meins verbrannte, die verkohlten Reste fielen in ein stilles Land, zwei Frauen versuchten, sie auf eine Mauer zu breiten, da kam ein Sturm auf.

ERSTES KIND — *ruft* Da drüben, wißt ihr noch, wie ihr heißt?

ERSTER FLIEGER — Wir?

ZWEITER FLIEGER — Nicht genau.

DRITTER FLIEGER — Der Himmel kennt uns.

VIERTER FLIEGER *mißmutig* Mein Soldbuch blieb bei mir, ich heiße Samuel Webson, meine Verwandten brachten mir Gladiolen und einmal Frühlingsblüten, sie liefen rasch zum Steinmetz, bestellten ihre Inschrift –

ERSTER FLIEGER Mein Soldbuch fraß ein Hai.

ZWEITER FLIEGER Das meine zerrieb sich an der Luft.

DRITTER FLIEGER Und meines fiel als Asche in die Mauerritzen.

ERSTER FLIEGER Der Himmel kennt uns.

VIERTER FLIEGER Aber ich? Ich bin der Enkel Samuel Webson, geliebt, betrauert wegen seines heiteren Wesens, seiner vielversprechenden Begabung, die Tröstung, die dahinschwand, aller Ehren wert und selbst der Austernschalen, die meine Tante während ihres Badeaufenthalts am Strande fand, und der leeren Häuser der Seeschnecken, ich bin das alles wert.

ERSTER FLIEGER Ich wurde an die Westküste getrieben an einem warmen Tag.

ZWEITER FLIEGER Dasselbe.

DRITTER FLIEGER Ja.

VIERTER FLIEGER Ich auch. Aber ich bin geboren an einem 4. Januar in einem Haus, halbsonnig und landeinwärts, außerhalb der Stadt, *spricht sich in Eifer* auf einer Anhöhe über dem Churnet und an einem Zweige des Trent-Mersey-Kanals, nicht weit liegt die Abtei Dieulacresse, ich weiß die Meilen, und wenn ich auch nicht weiß, wer meine Stadt zur Stadt ernannte und wann –

ERSTER FLIEGER Du weißt es nicht?

VIERTER FLIEGER Ich weiß es nicht.

ZWEITER FLIEGER Ein Schimmer Hoffnung, Webson, daß dich der Himmel kennt.

DRITTER FLIEGER Darauf!

ERSTER FLIEGER Ihr Kinder, trinkt mit uns!

ERSTES KIND *lacht* Wir Kinder.

VIERTER FLIEGER *versunken* Die Stadt liegt leicht nordwestlich.

ZWEITER FLIEGER Verschütte nichts.

VIERTER FLIEGER Und meine Mutter sagte, es war ein kalter Nachmittag, als ich zur Welt kam, das Mädchen hatte Ausgang, ja, es war schlecht geheizt. Mein Zeichen ist der Steinbock.

ERSTER FLIEGER Vergiß es, Webson!

VIERTER FLIEGER Das Mädchen hatte Ausgang. – Aber wenn die Sträuße auf meinem Hügel welk sind, kommt der Pfarrer und legt sie an die Kirchhofsmauer. Er kehrt dann wieder um, macht sich Bewegung und liest die Sprüche auf den Steinen noch einmal.

ERSTER FLIEGER Der Himmel kennt ihn.

ZWEITER FLIEGER Dasselbe.

DRITTER FLIEGER Auch bei mir.

VIERTER FLIEGER Doch hier liegt Samuel Webson, wie ich sagte: geboren, angetrieben und betrauert. Ein Flecken Erde auf einem fremden Feld muß England für ihn sein.

ZWEITES KIND *klatscht in die Hände* Den kennen wir!

ERSTES KIND Das ist ein guter Spruch.

VIERTER FLIEGER Nur von dem Himmel, der mich kennen sollte, steht nichts darin.

ERSTER FLIEGER Höre Webson!

ZWEITER FLIEGER *summt* Höre, mein Kindlein, ich will dir erzählen –

DRITTER FLIEGER *heiter* Vom Sand, der aufflog, als der Sturm noch leicht war. Und das grüne Moos!

VIERTER FLIEGER Erzähle nichts. Sag, was du sagen willst!

ERSTER FLIEGER Daß wir die Hügel noch heute tauschen, Webson.

ERSTES KIND Noch rasch.

ZWEITES KIND Ehe der Pfarrer die Sprüche wieder liest.

VIERTER FLIEGER Wer?

ERSTER FLIEGER Du und ich.

VIERTER FLIEGER Und dann? Weshalb?

ERSTER FLIEGER Ist Webson endlich, was er wollte: mit uns unter dem Himmel, ein Fremder unter einem fremden Stein.

VIERTER FLIEGER *lacht* Aber meine Tante?

ERSTER FLIEGER Bringt ihre Kränze einem, über dessen heiteres Wesen nichts bekannt ist, dessen Begabung vielleicht nichts verhieß –

VIERTER FLIEGER *hastig* Nein, nichts!

ERSTER FLIEGER Und den ihr nichts vertraut macht.

VIERTER FLIEGER *nach einem Augenblick* Mein lieber

Bruder, und wenn du Schaden littest? Wenn dich der Himmel nicht mehr kennte, weil du unter Websons Stein liegst?

ERSTER FLIEGER Das glaube ich nicht, nein.

ZWEITER FLIEGER Aber wir wollen, damit die Last des Namens und auch der Gladiolen sich leichter teilt, alle sieben Jahre unsere Gräber wechseln.

DRITTER FLIEGER *gemächlich* Dann kann auch Webson ruhig einmal in Websons Grube liegen, Gott kennt ihn doch.

VIERTER FLIEGER Meine lieben Brüder?

Rauschen im Gras

ERSTER FLIEGER Kommt Sturm?

ZWEITER FLIEGER Es kommt in dreiundvierzig Jahren Sturm.

DRITTER FLIEGER Wir wollen auf unser fremdes Feld zurück.

VIERTER FLIEGER Ja, meine lieben Brüder.

Im Zimmer

ERSTES KIND *seufzend* So wars.

ZWEITES KIND Wir liefen, als die Lichtung frei war, davon, durchquerten rasch das Wäldchen und kamen dann zu Frau Korinke, die bei den Feldern wohnt.

ERSTES KIND — Frau Korinke saß vor ihrem Haus und strickte an der Westsee.

ZWEITES KIND — *eifrig* Der Schatten des Baumes fiel grün über sie.

ERSTES KIND — Von weitem die Turmschatten.

ZWEITES KIND — Sie hatte ihre doppelte Brille auf und strickte die Westsee olivenfarbig mit einem schwarzen Rand. Die Spatzen lärmten über ihrem Kopf.

Lärmen der Spatzen, Wind im Baum

ERSTES KIND — *noch aus dem Zimmer* Dann kam Holger geritten, der im Zorn seinen Kameraden erschlug. Er band sein Pferd am Zaun fest und sprang darüber.

FRAU KORINKE — *ruhig* Da bist du, Holger.

HOLGER — Ja, hier bin ich. Ist es erlaubt?

FRAU KORINKE — Leg dich nur nieder, hier ins Gras, und störe mir die See nicht. Sie ist glatt gestrickt und soll über die Kanzel.

HOLGER — *lacht*

FRAU KORINKE — Von Rechts wegen heißt es Westsee.

HOLGER — Ich weiß.

FRAU KORINKE — Und ist auch richtiger so.

HOLGER — *seufzt*

FRAU KORINKE — Oder nicht?

HOLGER — Doch, doch. Es ist richtiger.
Das Klappern der Stricknadeln
Sie wird hübsch, Ihre See!

FRAU KORINKE Das sagst du oft.

HOLGER Nein, sie wird immer hübscher: die wahre Farbe und der wahre Name und keine Bucht mit grobem nassem Sand, wo Wasser hingehört. Kein Schritt, der sich verliert, so leicht verliert. *Er stöhnt*

FRAU KORINKE Erzähle, wie es kam.

HOLGER *heftig* Da ist nichts zu erzählen. Ich erschlug ihn, so kams.

FRAU KORINKE War es nicht Montag?

HOLGER Montag.

FRAU KORINKE Und der Weg zum Unterricht noch weit?

HOLGER Der Weg war weit.

FRAU KORINKE Und Wind vom Land her?

HOLGER Ja.

FRAU KORINKE Und wovon die Rede?

HOLGER Vom Mut.

FRAU KORINKE Ach ja, vom Mut.

FRAU KORINKE *als sagte sie ein Gedicht auf*
Der Mut ist ein zweifarbiges Tuch,
der Mut ist gefaltet über die Dächer
und dreht sich nach dem Wind –

HOLGER Nein, nicht!

FRAU KORINKE Warum nicht?

HOLGER Bei Ihnen wird alles zu Tüchern.

FRAU KORINKE *in Gedanken* Man könnte Bekassinen daraufsticken, dunkelrot, auch zwei oder drei Wolken.

HOLGER Ja, was man alles kann.

FRAU KORINKE Aber mir sind die Mutlosen lieber.

HOLGER *angeekelt* Mit den grauen Gesichtern? Die Augen Löcher unter Wasser und leer, die Fische schwimmen aus und ein, auch ganze Schwärme! Schon bei Lebzeiten.

FRAU KORINKE Die die wahre Tapferkeit haben, Schatten über den Dächern. Die keine Höhlen bauen und die bei allen Stürmen als erste liegen bleiben.

HOLGER Wenn Sie so einen bei den Füßen packen und zerren ihn hinter sich her, so schlägt sein Kopf hart auf, er springt über die Steine, als wär er fröhlich.

FRAU KORINKE Ja. Aber das gibt kein Tuch und nicht einmal ein Netz, das ist zu fein gewebt. Die Falben, die an den Straßen weiden, habens manchmal um die Köpfe, aber unsereins kann da nichts sehen. Auch Bekassinen wären da noch ein grobes Muster. Viel zu grob.

HOLGER Gut, daß die Nordsee eine Decke gibt.

FRAU KORINKE Die Westsee.

HOLGER Wenn ich den Kopf darunter legen könnte?

FRAU KORINKE Nicht. Sie verhakt sich leicht.

HOLGER *zornig* Ihre Westsee!

FRAU KORINKE Erzähl zu Ende, Holger.

HOLGER Zu Anfang möcht ich gerne erzählen, und sonst nirgendshin. Da wo die Leute mit den weißen Schuhen auf der Terrasse sitzen und die bunten Segel durch das gedrehte Gitter sehen.

FRAU KORINKE Das ist nicht deine Sache. Zu Anfang erzählt der andere.

HOLGER Er war nicht mein Freund. Er hatte viel Vorliebe für Kapitänsgräber, für Hummeln im Jasmin und für die Zahl der Kinder, auch für Namen: Erdmuthe und Erdbine und Othea, Gondeline. Und Senta, die eine Amme war und mit zwanzig Jahren starb. Für Kommandeursgräber und für Schlittenhölzer, unter denen die Hühner durchliefen, und alles unbenützt, die Gräser alt und still. Nein, er war nicht mein Freund.

FRAU KORINKE Das schadet ihm nichts mehr.

HOLGER Aber mir. Was soll ich damit? Namen und Gräber, offene Türen im Frühsommer. Jetzt bleibt alles auf mir, Bretterböden und die Lieder vom himmlischen Reich. Als damals der Unterricht wieder begann, war ich fröhlich. Ich hatte noch den Fetzen Blau über mir, unter dem ich ihn begrub.

FRAU KORINKE Aber wie kam es, Holger?

HOLGER Das sage ich auch.

FRAU KORINKE *seufzt*

HOLGER *fast übermütig* Kam es mit dem Montag oder mit dem März? Mit den Strandnelken, die noch nicht blühten oder mit den kurzen Gräsern, die schon heraußen waren? Mit den letzten Dächern, die außer Sicht rückten, oder mit den Wolken, die so gut in Sicht waren wie das Ende von allem? Ja, wie kam es? Ach Gott, wie kams? Soviel sage ich und mehr kann ich nicht sagen. Wer sind die zwei dort drüben?

FRAU KORINKE Kinder.

HOLGER He, ihr, wo seid ihr her?

ERSTES KIND *mit den Händen vor dem Mund, trompetend* Aus dem alten Dänemark.

HOLGER Weit gelaufen.

ERSTES KIND Es ist näher als du denkst. Und er ist aus Paris.

ZWEITES KIND Aber geboren in Amsterdam. Mit dem Zigeunerwagen durch Flandern gefahren.

HOLGER Hört auf!

ERSTES KIND Wir haben gar nicht begonnen.

HOLGER Habt ihr meinen Kameraden gesehen?

ERSTES KIND Ich glaube, ich sah ihn.

ERSTES KIND Wo?

ZWEITES KIND Im Juli.

HOLGER Das ist ein schlechter Monat. Sagte er etwas von Wiederkommen?

ZWEITES KIND Nein.

HOLGER Was dann?

ZWEITES KIND Er lehnte an der Kirchenmauer und erwartete die Führung.

FRAU KORINKE *aufmerksam* Ist es nicht Juli?

ERSTES KIND Ja.

FRAU KORINKE Da will ich gleich zur Kirche hinüberschauen. Gebt mir solange auf die Westsee acht.

HOLGER Ja, ja.

FRAU KORINKE *gleichsam kopfschüttelnd, aus der Ferne* Das alte Dänemark!

HOLGER Da geht sie. *Als ihm niemand antwortet* Mit ihren Schlüsseln.

Im Zimmer

ERSTES KIND Da ging sie.

ZWEITES KIND Mit ihren Schlüsseln.

PFARRER Und ihr?

ERSTES KIND Ach, nicht mehr viel.

PFARRER Habt ihr dann noch gewartet?

ZWEITES KIND Nicht lange. Sie kam nicht wieder.

PFARRER Und Holger?

ZWEITES KIND Spielte mit dem Strickzeug, er sagte nichts mehr.

ERSTES KIND So verließen wir ihn.

ZWEITES KIND Nacheinander streifte uns noch das Zirpen der Grillen –

ERSTES KIND Geblätter alter Zeitungen, Fischgeruch über dem Hafer, Hochsommerwind, so heißt es doch?

ZWEITES KIND Die Sonne aus der Laube.

PFARRER Was sagte sie?

ZWEITES KIND Die Sonne?

PFARRER *ungeduldig* Ja!

ERSTES KIND Sie sagte –

ZWEITES KIND Sagte – *kichert*

ERSTES KIND Die Sonne sagte

ZWEITES KIND *mit verstellter, tieferer Stimme* Carstensen hat mich gefahren.

ERSTES KIND Genauso.

PFARRER *verändert* Aber seid gerecht!

ZWEITES KIND Der Blick war golden und von tiefem Grün umrahmt.

PFARRER War er nicht mehr?

ERSTES KIND Mehr?

ZWEITES KIND Nein.

ERSTES KIND Es gab noch Handarbeiten zu kaufen, gestickte Lesezeichen, Pantoffel, Dünen aus Stroh und täuschend ähnlich –

ZWEITES KIND Und soviel Schlittenholz, Kufen und Schwingen, die hatte einer im Kamin versteckt, der morgens fortging, ein Ältester –

ERSTES KIND Und niemand fand es, weil es niemand brauchte.

ZWEITES KIND Nur einmal kam ein Storch und roch dazu und trieb wieder davon.

PFARRER Die Mütze? Ich meine: die Mütze von demjenigen?

ERSTES KIND Sie hing und fand sich.

PFARRER Der Rock?

ZWEITES KIND Verging im Gras unter der halben Eiche, die trieb noch.

ERSTES KIND Er sah Westindien.

PFARRER Aber der Querbalken?

ZWEITES KIND Kanzelholz, er blieb.

ERSTES KIND *ermüdet* Wir sahen wenig.

PFARRER Die goldene Schrift über dem Nachmittag?

ERSTES KIND Sahen wir nicht.

PFARRER Wo alles steht, Namen und Sprüche in die Steine gemeißelt?

ZWEITES KIND Sahen wir nicht.

ERSTES KIND Das ist zu schwer, wir hören es immer noch von Holnis rauschen.

ZWEITES KIND Jubel und Scheunen, die Geburten, die folgten.

ERSTES KIND Und Tode im Schlick.

ZWEITES KIND Die Pfarrer, Kapitäne, Pfarrersfrauen, mit den Schränken über die Hügel gesiedelt und jeder einzeln auf ihren Rücken bei der Mittagssonne, das Wehen in den Sträuchern.

ERSTES KIND Nein, Carstensen hat mich gefahren.

ZWEITES KIND *etwas abwesend* Du liebe Sonne.

PFARRER Genug, kommt jetzt zum Abend!

ZWEITES KIND Zum Abend?

ERSTES KIND Da trafen wir Sie wieder, Herr Pfarrer.

PFARRER Richtig!

ZWEITES KIND Unten auf dem Strandweg, mit einer Dame.

PFARRER Das ist dieselbe, die schon lange Jahre die Gemeindesammlung leitet, trotz vielen Mühen.

ERSTES KIND Die Köchin war auch dabei.

Im Freien

LISBETH *etwas aus der Ferne und dann näher, als kämen sie redend einen Weg herauf* Aber das Wetter ist unbeständig, Herr Pfarrer, es bleibt nicht.

PFARRER Wir müssen uns begnügen.

DAME *eifrig* Und was erwarten Sie, meine Liebe? Die Kirschen sind gut herausgekommen, der Heugeruch ist unverkennbar, wir werden alle Hände voll zu tun bekommen!

PFARRER *gemächlich, erzählend* Ich hatte einmal alle Hände voll zu tun, als ich – und das die ganze Nordküste entlang – die Krebse, die auf dem Sande zu ersticken drohten, wieder ins Wasser warf. Erinnern Sie sich, Lisbeth, ich verspätete mich damals?

LISBETH Ich erinnere mich.

PFARRER Und kam befriedigt heim.

DAME Und das ist schließlich doch das Wichtigste.

ZWEITES KIND *lacht* Nein, die Gesundheit.

ERSTES KIND Herr Pfarrer!

PFARRER Ja?

ERSTES KIND Sie vergaßen damals einen auf dem Sand!

ZWEITES KIND Nur einen einzigen.

ERSTES KIND Aber es war der König.

PFARRER Das bedaure ich.

ZWEITES KIND Wir kamen nach und warfen ihn hinein.

PFARRER Sehr freundlich.

ERSTES KIND So daß am nächsten Morgen alle zugleich erstickten.

ZWEITES KIND Ein Heer!

ERSTES KIND Und ausgesandt gegen die reine Luft.

DAME Erhabenes Bild!

ZWEITES KIND Es flatterten die Fahnen.

ERSTES KIND Nur: sie hatten keine.

PFARRER Ja, ja, ihr Kinder.

DAME *wieder eifrig und etwas atemlos gegen den Wind* Aber die Entdeckung der Schönheit? Die Maserung der Panzer, Schatten der Strandgewächse auf dem Sand, Windschatten, Windspuren vom Hafer, die feinen, leichten und im Kreis gedreht? Morgenaufgänge? Wie das?

PFARRER Wie das?

DAME Ich sahs vom Postamt. Beim Schreiben meiner Briefe, und oft mit einem Blick. Es gibt viele, die mirs bezeugen können, wenn sie auch eben nicht hier sind.

LISBETH Herr Pfarrer!

PFARRER Ja?

LISBETH Es wird jetzt Zeit zur Nacht.

ERSTES KIND *traurig* Und auch für uns.

ZWEITES KIND Aber die Krebse haben Ihnen einen Orden verliehen, Herr Pfarrer!

ERSTES KIND Aus Luft.

ZWEITES KIND Für den geretteten Tag.

PFARRER Ich hätte mirs nicht träumen lassen. Nicht wahr Lisbeth?

LISBETH *immer ruhig* Nein, Herr Pfarrer.

PFARRER Jetzt Achtung auf den Weg, es ist noch naß hier.

LISBETH *schon entfernter* Man rutscht leicht ab.

Im Zimmer

PFARRER Und ihr?

ERSTES KIND Wir?

PFARRER Euch fragte ich.

ERSTES KIND Nur noch die Sandmännchen.

ZWEITES KIND Mit dünnen Gerten auf den nassen Strand gezeichnet.

ERSTES KIND Der eine Arm oft länger und der andere kurz.

ZWEITES KIND Das taten wir.

ERSTES KIND *lacht* Und Ohren wie die Esel!

ZWEITES KIND Aber nicht aus Sand.

ERSTES KIND Nur wo im Sand kein Sand war, hineingegraben –

PFARRER Ich verstehe.

ZWEITES KIND Die Schiffe grüßten sie von fern, wenn erst der Mond sich regte.

ERSTES KIND Und einmal stand eins auf und winkte rasch zurück.

ZWEITES KIND Das meine!

ERSTES KIND Das meine machte sst, da legte es sich wieder.

ZWEITES KIND *schon müde* Später kamen noch zwei schwarze Pferde zu Besuch, den Schlick hinunter, und fragten: Wollt ihr reiten?

ERSTES KIND Aber keines ritt.

ZWEITES KIND Und die starräugigen Fischer auf ihren Kuttern hatten nichts zu staunen.

ERSTES KIND So fielen wir in Schlaf.

ZWEITES KIND Gerade noch so hoch, daß keine Flut uns weckte!

Im Freien

ERSTES KIND He du, hast du noch Hunger?

ZWEITES KIND Durst.

ERSTES KIND *immer schläfriger* Ich hätte gerne noch etwas Krikett gespielt.

ZWEITES KIND Die Schläger sind im Schuppen.

ERSTES KIND Nein, in der Laube.

ZWEITES KIND Rieselt der Sand dir auch so in den Rock?

Im Zimmer

PFARRER *freundlich* So habt ihr doch nichts mehr gespielt?
Schweigen
Wenigstens auf den Rasenplätzen um die Häuser sah euch keiner.
Schweigen

Und auch die Nachbarn zu beiden Seiten, soweit ich nach euch fragte –
Schweigen
Sich ermunternd Aber das mit dem Sand, das kenne ich, das war bei uns, solange wir noch jünger waren, auch nicht anders: man freut sich auf das Schlafen draußen, im Schatten vor der prallen Sonne, Indianerhügel, Dünengras, und wie das alles genannt wird – und dann ists nichts damit. Der Sand fährt in die Röcke, der Blick auf die verlassenen Wracks ist verstellt und später wird es kalt.
Schweigen
Nun, wir wollen diesen Abend feiern, auch wenn es kein besonderer Abend ist! Mit bunten Lichtern, vielleicht, daß ich noch einige bei mir finde *er erhebt sich mühsam* und Lisbeth soll sie in die Sträucher hängen, ich will gleich nachsehen. Es könnte sogar sein – *erschrocken* Schlaft jetzt nicht ein, ihr Kinder! Ich hätte euch so gerne noch manche von den ausgestopften Vogelbälgen gezeigt, die ich, als ich in euern Jahren war und früher – und einiges gefragt, ich wollte euch erzählen, wie ich den Tag verbrachte, bleibt mir nicht fort! Und wie es mit den Bienen ging. Ich wollte auch

einige von diesen alten Liedern mit euch
singen, *lebhafter* die Chöre aus den
ungebauten Kirchen, Wächter- und
Schmiedehäuser und das Schlagen der
Schatten, erinnert ihr euch? Und ein
kleines Feuer richten.
Schweigen
Ihr Kinder, hört mir zu!

Nachmittag in Ostende

Personen

JASON
SIMPLIZIUS
LOUISA
BEATRICE

Im Freien

JASON

Wachen Sie auf, Herr, wachen Sie auf. Es treibt sich einer hier herum, der nicht hierher gehört. Ich weiß es aus meinem Lehrbuch. Er hat mit der Gegend nichts zu tun, nichts mit dem Wellengang, gar nichts mit der See. Und doch taucht er immer bei Seegang hier auf. Geschmeidig, biegsam, feucht, glatt, tut so, als hätte er es immer schon mit Kuranstalten, feineren Tabakläden und Hafenbecken gehabt. Mit den Kellnerinnen und Kellnern, Damen- und Herrengesprächen, wehenden Flaggen zur Abfahrt, Musikalienhandlungen. Überhaupt Schiffsabfahrten. *Zornig* Oder Ankünften. Keine Rede davon. Ich wollte Sie schon lange warnen, ich wollte mich mit Ihnen befreunden, wir wären dann zwei. Ich sehe Sie hier immer zu sorglos auf Ihrem Strandstuhl schlafen, Ihre Himmelsgaben sind in Gefahr: Freundschaft, Gespräch, Zugehörigkeit. Er will Sie sich befreunden, ins Gespräch ziehen, Sie an sich ziehen. Oder mich. Aber wenn wir beide – bleiben Sie, schützen Sie keine Mahlzeit vor, hören Sie zu. Es treibt sich einer hier herum. Ich will mich nicht wiederholen, wenn Sie unterrichtet sind, aber ich sage ihnen: Er ist gefährlich. Haben Sie ihn nicht bemerkt, vorgestern zum Beispiel? Oder Freitag. Er war hier. Wie ich schon sagte: Lang, geschmeidig, naß, mit verbeulten Knien. Von der Überzeugung getragen, er hätte viel gesehen. Das sind gefährliche Leute. Seinen Namen? Aber Sie wissen ihn, Sie müssen ihn wissen, er gehört zum Allgemeinsten. Er gehört auch zu denen, die sofort auftauchen, wenn ihre Namen genannt werden. Aber ich wills versuchen, leise wenigstens. *Flüstern, dann halblaut* Simplizius, nicht mein Simplizius. Wer das ist? Ein Held, wußten Sie das nicht? Ein Held, ein Held, ein Held. Es nützt aber nichts, wir haben zu laut gesprochen. Hier ist er.

SIMPLIZIUS *munter* Wie ich dann atemlos zu den abgebrannten Scharteken komme, alles steckt voll Staub und Erde, ich schaue hinauf, aus dem einzigen Stockwerk schaut eine mit drei Kopftüchern und ich biete ihr an, was ich habe, ich biete ihr an, alles, alles, ich biete ihr alles an, ich biete, biete ihr, und alles, ja, das ist es.

JASON Nicht anzuhören.

SIMPLIZIUS Und hier bin ich, hier bin ich. Und wie die Wiesen sind, sehe ich, ich habe alle

Wiesen gelernt, auswendig, unauswendig.
Und was geschah dann? *Er schnupft auf*

JASON Jetzt ist er still, aber ich lasse ihn nicht.
Ich will es wissen. Was geschah dann?
Wie war das mit den Pokalen oder war es
Bleistiftstaub, und als die Morgendämmerung heraufstieg, was geschah? Was habt
ihr hinterher getrunken? War es Wein
oder Mörtel? Und wer hat die Epikuräer
gelesen und wurde darin unterbrochen
und bugsierte den Meineidigen hinaus
und nahm ein Boot, nahm ein Boot?
Hören Sie? Oder war es eine Kinderuhr?
Und schleuderte sie gegen die Haustür?
Tat ers, tat ers nicht? Aber ich sage Ihnen,
daran erkennen Sie sie, sie nehmen Boote.
Das ist eindeutig. Wenn Sie hören ICH
BLIES DIE FLÖTE oder ICH FING MÜCKEN
oder ICH GING VON A NACH B, wissen Sie
einiges. Wenn Sie aber hören ICH NAHM
EIN BOOT, dann wissen Sie alles.

SIMPLIZIUS *von sehr nahe* Ich nahm ein Boot.

JASON Da war er wieder, aber es ist Lüge. Er
nahm keins. Hören Sie? Er nahm keins.
Schritte auf dem Sand, die sich entfernen
Jetzt geht er und ich habe den letzten
Freund verloren. Ich hätte das lassen
sollen, ich hätte sagen müssen ALLES GUT
SO oder WENN EINER EIN BOOT NIMMT,
IST ES GUT. Hören Sie! *er ruft* ES IST GUT

WENN EINER EIN BOOT NIMMT! Nichts. Oder wenn er es nahm, wenn einer eins nahm? Ja, so ist es richtig. *ruft wieder, diesmal lauter* ES IST GUT, WENN EINER EIN BOOT NAHM. Oder noch anders? *leiser, als probierte er aus* DER IST GUT, DER EIN BOOT NAHM. Ja, so. Oder WER EIN BOOT NAHM, IST GUT. *Erschöpft* Das wars. Aber er kommt nicht wieder. Und noch einmal rufe ich nicht. Er war auch undurchsichtig, haben Sies bemerkt? Diese gegebenen Antworten, Erwiderungen könnte man es fast nennen, ich glaube, er hielt zu dem anderen. Dem Simplizius, diesem Maultäuscher, der immer ohne sich kommt, zum mindesten hierher. Der sich nur reden läßt, ohne daß Schritte zu hören wären. Und dann redet er und redet und stiehlt mir meinen Freund. Das nannte man früher einen unlauteren Verlust. Um so etwas riß man sich die Ohren aus, früher. Tschip, tschip. Der kommt auch nicht. Es gibt Tage, an denen sogar die Wasserkühe fremd tun. Sich in Herden auf dem Gischt wälzen und den nicht sehen, der sie säugte. Der ihnen die Brust gab, sich zu ihnen neigte.

SIMPLIZIUS *ziemlich nahe, menschlich* Muh.

JASON Sie erkenne ich immer gleich, Sie Simpel.

SIMPLIZIUS Ich war immer gut in Tierstimmen.

JASON Muh.

SIMPLIZIUS Ich mußte die unseren täuschen und die andern. Das Landvolk –

JASON Wenn ich das höre.

SIMPLIZIUS Und das andere.

JASON Gelungen.

SIMPLIZIUS Ja, so schiens mir auch. *Plötzlich, entzückt* Wasserkühe, dort drüben, Herden, ganze Schwärme! Da muß ich meine Zuflucht ins Wasser setzen.

JASON Die täuschen Sie nicht.

SIMPLIZIUS *dumpf, übend* Muh, muh. Versuchen, alles versuchen. *Etwas gurgelnd* Muh.

JASON Sie, Sie Simplizius! Wo ist unser Freund? Der vorhin neben uns saß? Der im Sand stocherte, den Sie verjagt haben? Simplizius! Fort. Ein öder Geist. Aber so heißt er. Wenn ich da an Louisa denke.

LOUISA *entfernt und immer näher* An mich? An mich? An mich?

JASON An dich. Und wie wir in Kolberg beisammen saßen.

LOUISA Unter den bröckelnden Ziegeln.

JASON Es waren elende Ziegel, unglasiert, gotisch.

LOUISA Seither dachte ich manchmal, ich sei hölzern. Ein Boot.

JASON Das bist du nicht.

LOUISA Oder so ähnlich. Hier in der feuchten Gegend? Ich meinte, daß ein Schiffer mich geschnitzt hätte, bemalt, wieder ausgebessert und verkauft. Und dann noch froh war.

JASON Worüber?

LOUISA *träumerisch* Oder daß ich auf italienischen Friedhöfen herumlag, mit kleinen Bürgermeistern, Beamten von Nebenstellen.

JASON Und Drachen stiegen darüber.

LOUISA Das wissen Sie auch.

JASON Liebe Louisa.

LOUISA Drachen an Schnüren, trillernde Vögel, mit Namen, alles störend. Fahrräder, auf denen man zu dritt nebeneinander fahren konnte. Sie hören nicht zu.

JASON Ich höre.

LOUISA Wiederholen Sie!

JASON Drachen an Schnüren, Sumpfvögel, Muschelköpfe, auf denen man zu dritt – nebeneinander –

LOUISA Falsch.

JASON Aber wahr. Sand in den Mütterschulen. Was gibts zu lachen?

LOUISA Sand.

JASON Sand? Sand. Ja, Sand. Fort von den Mütterschulen.

LOUISA Sie waren überall.

JASON Ich war in Kolberg. Ich richte mich nach Sprachgebräuchen.

LOUISA In Kolberg ist auch allerhand.

JASON Wenn ich mich auch lieber nach gedachten Nebenstellen richtete, kleinen Bürgermeistern – wie hieß es?

LOUISA Beamten von Nebenstellen, meinen Sie das? Und Drachen stiegen darüber, Drachen –

JASON An Schnüren, trillernde Vögel, mit Namen, alles störend. Fahrräder, auf denen man zu dritt nebeneinander fahren konnte.

LOUISA *mechanisch* So ist es richtig.

JASON Richtig?

LOUISA So wie es war.

JASON War?

LOUISA *sich entfernend* War. War. War.

JASON Das wärs. Das wars. So wie es war. So ist es richtig. Die schlechten Ziegel – *ruft* Louisa!

LOUISA *entfernt* Louisa!

JASON Louisa!

SIMPLIZIUS *dicht neben ihm, grob* Louisa!

JASON Sind Sie immer abkömmlich?

SIMPLIZIUS *gemächlich* Immer.

JASON Ich meine: Haben Sie keine ständige Stelle? Einen Schreibtisch oder in Ihrem Fall ein eingesunkenes Gehöft, feuchtes Heu oder so ähnlich? Eine brennende Wiese?

SIMPLIZIUS Nein. Für meinesgleichen ist es sogar leichter, sich auf Wasser zu bewegen als auf Heideboden und dürrem Gras oder auf eingetrockneten Fahrspuren. Ich bin ein rascher Geist. Aber die Wasserkühe waren eine Enttäuschung. Fett und aufgeschwollen und gaben weniger her als das sterbende Vieh in Thüringen.

JASON Zum Wasserkuhmelker muß man geboren sein. Durchatemtechnik, Freundlichkeit –

SIMPLIZIUS Sie sahen mich groß an und gingen unter Wasser.

JASON Und was sonst noch daran hängt.

SIMPLIZIUS Viel Freundlichkeit?

JASON Lieber Simplizius.

SIMPLIZIUS Das Unterwassergreifen fällt mir bis heute schwer.

JASON Vielleicht freunde ich mich noch mit Ihnen an.

SIMPLIZIUS Weshalb?

JASON Ja, weshalb?

SIMPLIZIUS *freudig* Das sind sie wieder, meine Wasserkühe!

JASON Seine Wasserkühe. Nein, doch nicht. Keine Freundschaft.

SIMPLIZIUS *schon vom Wasser her* Fort mit mir.

JASON Ich gehe jetzt auch. Nicht einmal von hier aus will ich mitansehen, wie ers erlernt. Und wie sies erlernen. Man muß endlich wissen, wohin man nicht schauen möchte. Nur die salzige Milch, die hätte ich ihn gern trinken gesehen. Frisch aus dem Euter. Frisch ist alles am besten. *Donnergrollen* Jetzt trinkt er. *Donnergrollen, leiser* Und jetzt hat er genug.

SIMPLIZIUS *prustend* Diese Märzgewitter.

JASON Richtung auf Tahiti.

SIMPLIZIUS Was?

JASON Verstellen Sie sich nicht. Sie haben Milch getrunken.

SIMPLIZIUS Milch?

JASON Milch.

SIMPLIZIUS *unbekümmert* Ja, abscheulich, Kartoffel hinein, Haferflocken darüber. Man kann sich alles vorstellen, aber nichts, was sie verbessern könnte. Sie ist salzig, verstehen Sie? Salzig von Natur. Gleich übergebe ich mich.

JASON Da bin ich neugierig.

SIMPLIZIUS *würgend* Ich auch.

JASON Ich hätte das bei Ihnen nicht für möglich gehalten.

SIMPLIZIUS Bei einem Geist?

JASON Wie dem Ihren.

SIMPLIZIUS Eben. Scheußlich. Wasserbüffelmilch. Da wird auch in der anderen Richtung nichts besser.

JASON Wenn ich Ihnen behilflich sein könnte?

SIMPLIZIUS Gleich. *Noch außer Atem* Wir können uns nebeneinander setzen und die Lage besprechen. Im Kasino ist ein Kanapee.

JASON Wenn Ihnen wieder wohl genug ist.

SIMPLIZIUS Genug, genug! Machen Sie sich keine Sorgen. Die Lage. Alle Lagen. Soll ich vor Ihnen herwehen?

JASON Nicht zu rasch.

SIMPLIZIUS Kein Wasserbüffel mehr auf dem ganzen Atlantik.

JASON Die haben Sie verscheucht.

SIMPLIZIUS Mir wird noch mehr gelingen. Die Promenade ist auch wie ausgestorben.

JASON *zornig* Langsam! Ich bat Sie, langsamer zu wehen.

SIMPLIZIUS Die Lage treibt mich.

JASON Mein Mantelfutter reißt, warten Sie wenigstens, bis ich es festgesteckt habe.

SIMPLIZIUS *rastend* Sie sitzen auf zu rissigen Bänken, ich beobachte Sie schon lange. Sitzen, sitzen, sitzen und dann hastig aufspringen. Ich kann Ihnen nicht sagen, wie froh ich bin, seit ich kein Mantelfutter mehr besitze.

JASON *erbittert* Ich besitze einen Gesundheitszustand.

SIMPLIZIUS Beatrice Kalugha wird Ihr Mantelfutter nähen.

SIMPLIZIUS Wer?

SIMPLIZIUS *stolz* Eine Bekannte von mir. Kasinodame.

JASON Also gut, Beatrice Kalugha. *Kopfschüttelnd* Beatrice Kalugha.

SIMPLIZIUS Sie näht gern.

JASON Kenne ich sie?

SIMPLIZIUS Eine Belgierin. Kennt zwei englische Dichter. Räumt auch manchmal auf.

JASON Dann vorwärts. *Ein Windstoß, man hört es krachen* Mein Futter! *Der Windstoß heult wieder auf und verstummt*

Im Kasino

SIMPLIZIUS Da wären wir.

JASON Rascher als ich Sie bat. Es riecht hier muffig.

SIMPLIZIUS Seit sich mein Geist verfeinert hat, ist mein Geruchssinn geschwächt.

JASON Sie hatten nie einen.

SIMPLIZIUS Aber brennende Gehöfte, brandiges Gras und so weiter –

JASON Ich weiß.

SIMPLIZIUS Das rieche ich heute noch. *Riecht, schnüffelt* Hier brennt nichts.

JASON Und diese Stechtulpen an den Wänden!

SIMPLIZIUS Kein Pflanzenfreund?

JASON Nein.

SIMPLIZIUS *nachdenklich* Kein Pflanzenfreund.

JASON Ihre Beatrice ist auch nicht da.

SIMPLIZIUS Ich habe die Tierfreunde immer im Verdacht, daß sie keine Pflanzenfreunde sind. Aber Sie sollten einmal mit mir den heutigen Quai Voltaire entlanggehen.

JASON Gott bewahre mich.

SIMPLIZIUS Es gibt dort einiges Blattwerk, das Sie interessieren könnte.

JASON Ich möchte meinen Mantelsaum genäht haben. Ihre Beatrice –

SIMPLIZIUS *gönnerhaft* Unsere Beatrice. Vielleicht kann sie aber auch nur Fransen bürsten. Sie ist auf irgend etwas spezialisiert. Ich glaube, mit f. Wenn es nicht Farnkräuter waren.

JASON *zornig* Wo ist sie?

SIMPLIZIUS Oder Ornamente, Ornamentalistik, das beschäftigt sie. Gestickte Krägen, Hemdsäume.

JASON *ruft* Beatrice!

SIMPLIZIUS *erstaunt* Haben Sie gerufen?

SIMPLIZIUS *lauter* Beatrice?

SIMPLIZIUS *grob* Beatrice! *Es hallt*

JASON Wann haben Sie sie erfunden?

SIMPLIZIUS *bissig* An einem dreiundzwanzigsten Dezember gegen sechs, als ein Landwehrmann vor meinem Fenster auf und abging. Meinen Sie, ich erfinde? Ich bin nicht Sie.

JASON *hustet ärgerlich*

SIMPLIZIUS Aber wenn es ihr mit ihrer Näherei ernst wäre, müßte sie jetzt kommen. *Ruft noch einmal, diesmal ruhiger* Beatrice!

BEATRICE *leise, etwas hochmütig* Ja?

SIMPLIZIUS Wo bleiben Sie?

BEATRICE Ich mußte durch drei Türen. Davon zwei

Schwingtüren. Die eine schwang nicht zurück, da ölte ich sie.

JASON Schwingtüren.

SIMPLIZIUS Schwingtüren und kein Ende! Gleich nachdem die Menschheit den ersten Lurch hinter sich hatte, erfand sie die Schwingtür. Wollen Sie nicht in meine Höhle kommen? Sie ist geriffelt, vorgewärmt von sechs künftigen Feuern, vorgekühlt von sieben alten Gletschern, getränkt von Bedeutung. Nein, nicht? Aber durch eine Schwingtür? Und so gings weiter. Schwingtüren, so alt wie Soldatenmützen, Fell auf Filz oder Filz auf Fell, das hängt alles an Haken und ist unaussterblich, ob es die Höhen um Dresden hinunterschwärmt oder woandershin. Kann durchschossen, gegabelt, geherzt und vergessen, verzinkt, schwerbeleidigt, hochgeschleudert und zertrampelt, kann versengt, angesengt, angespien, abgeleckt und hochgestellt werden, immer nach Wahl und die Wahl ist immer dieselbe. Zum Schluß hängt sie.

JASON *leise* Beatrice?

BEATRICE Ja?

JASON Wir wollen ihn Sim nennen. Von heute ab.

BEATRICE Sim.

SIMPLIZIUS *am Rande seiner Kräfte* Prunkstück oder

Hintergrund für mittlere Füsilierungen, was ist das?

BEATRICE Nicht noch mehr Rätsel.

JASON Ich wollte Sie bitten, mein Mantelfutter festzunähen, es riß am Strand.

BEATRICE Ob ich die Nähseide finde?

JASON Leicht, Beatrice.

SIMPLIZIUS Und nur weil er da unten einem Okinesen bei seinen Freiübungen zusah. Der turnte, schwang sich auf und tat als ob er Wäsche wüsche. Umarmte steinerne Königinnen –

BEATRICE In den Teesalons, in einem der Handschuhfächer. Oder in der oberen Garderobe, wo das mittlere Publikum seine Hüte abgibt.

JASON Oder einfach aus der Wand, aus den gestickten Tulpen und ihren Schatten? Wo die mittleren Schatten ihre Tulpen abgeben.

BEATRICE *ernst* Das wäre schade.

JASON Nur einen Faden.

BEATRICE Ich sehe oben nach.

JASON Und ich?

SIMPLIZIUS Die arme Seide. *Schluchzt unnatürlich*

JASON Ich frage mich, wer jetzt in Sie gefahren ist.

SIMPLIZIUS Wahrscheinlich Ihr Freund B, dem Sie so lange nachgetrauert haben. Oder C.

JASON Oder F?

SIMPLIZIUS Oder einer von den 26, von den 365, von den 44000, ich schlafe jetzt.

JASON *ruft halblaut* Beatrice! *Es bleibt still*

SIMPLIZIUS Eine Erfindung.

JASON Beatrice!

SIMPLIZIUS Wenn auch keine reine Erfindung.

JASON Beatrice!

BEATRICE Da bin ich wieder.

JASON Scht.

BEATRICE Schläft er?

SIMPLIZIUS *seufzt im Schlaf*

JASON Wecken Sie ihn nicht.

BEATRICE Er schläft gekrümmt. Als schlüge ihn einer. Hätte er keine Fersen, man sähe sie im Samt. Und auch die Knie, die Nase, den rechten Schulterknochen.

JASON Und so fort.

BEATRICE *begeistert, halblaut* Die Handwirbel sogar, die Ellenbogen und hier die Daumenspitzen. An den Ausbuchtungen im Lehnstuhl, den Lücken in den Spalten. Hätte er nichts, es wäre doch zu sehen. *Nach einer Atempause* Samt ist dankbar.

JASON Das merke ich mir lieber.

BEATRICE Wo ist Ihr Mantel? Ein solcher Riß. Von einer Kniekehle zur andern.

JASON Fünf Kniekehlen für mich allein!

BEATRICE Das Futter hängt.

JASON Es rührt daher, daß unsereins leicht kleinere Geister vor sich herwehen läßt.

SIMPLIZIUS *atmet tief*

BEATRICE Hören Sie? Der hat jetzt eingeatmet.

JASON Wann atmet er dann aus?

BEATRICE Sobald er Lust hat.

JASON Den kennen Sie.

BEATRICE Ich habe einen Hang zur Kenntnis. Von einer Großmutter kanalaufwärts.

JASON Das wird ein Nähgespräch.

BEATRICE Stickerei, Netzerei, Muschelzucht, nichts, was sie nicht kennen wollte. Bis hin zur Kurzschrift, zum Blindschreiben. Und so bin ich.

JASON Aber Ihr Garn ist gelb.

BEATRICE *erschrocken* Gelb!

SIMPLIZIUS *atmet tief*

JASON Jetzt hat er ausgeatmet.

BEATRICE Das falsche Garn!

JASON Nichts über gelbe Mantelsäume.

BEATRICE So können Sie nicht gehen.

JASON So gehe ich.

BEATRICE Wohin?

JASON Vielleicht hinauf, dort haben wir mehr Licht.

BEATRICE Oben wird in einer Stunde zum Tee gedeckt.

JASON Oder hinunter, dort haben wir weniger.

BEATRICE Unten ist die Teeküche.

JASON *ungeduldig* Tee, Tee!

BEATRICE Den erwartet man hier.

JASON Dann muß man seine Erwartungen ändern.

BEATRICE Ich liebe Tee.

JASON Ich auch.

LOUISA *nach einem leichten Fensterklirren, von draußen* Die Tees in Kolberg, ungeziert und leicht.

JASON Und die gezierten mit Orangensaft.

LOUISA Auch weiter unten sind sie besser als einem glauben gemacht wird.

BEATRICE Wenn eine Gegend Norden hat, so hat sie Tee.

JASON Tee.

LOUISA *entfernt* Infusionen.

JASON Diesmal ohne Echo, Louisa?

LOUISA Es kommt nicht immer.

BEATRICE *lebhaft* Ich dachte, daß man da unten die Kamille bevorzugt. Starke Aufgüsse, wenn auch von Kamille. *Näher, immer in gleichmäßig sanftem Ton* Wer an der Leber leidet, aber auch nach schweren Mahlzeiten, Tabakgenuß oder zu stark Gebranntem –

JASON Wach auf, Simplizius!

LOUISA Oder nach den eiskalten Friedhöfen mit ihren Quadern, Semmelbrocken für die Vögel, dem Kunterbunt der Namen und der Feuchtigkeit unter den Mänteln, Silber, Gold – ich kann Ihnen nicht sagen, was es danach für eine Wohltat bedeutet, mit dem Beamten einer Nebenstelle Kamillentee zu trinken.

JASON *gequält* Nein, wach nicht auf!

BEATRICE *bewundernd* Sie kennen einiges.

LOUISA Nicht viel, den Norden mancher Gegenden, Sitzbänke mit Quasten, die Farbe Weißlichblau und wie ich sagte: Quadern, Sperlinge.

SIMPLIZIUS *stöhnend, noch im Schlaf* Spadern, Querlinge.

BEATRICE Zu billig, um den Mund zu öffnen.

SIMPLIZIUS *erwacht gähnend* Ich öffne den Mund nur, um billig zu sein. Erst wenn ich Lust auf meine eigene Teuerung habe, schließe ich alles und lege mich zum Schlafen nieder.

BEATRICE *flüsternd zu Louisa* Was kennen Sie noch?

LOUISA Sie sind zu wißbegierig.

BEATRICE *ernst* Ich bin sehr wißbegierig.

JASON *seufzend* Der Hang zur Kenntnis.

LOUISA *nahe, als wäre sie im Raum, beteiligter* Einmal sah ich auch Wölfe. Meine Geschwister und ich bekamen Schleifen ins Haar und gingen in den Zoo. Das war aber bevor ich reden konnte.

SIMPLIZIUS *vergnügt* Jetzt lügst du, Louisa.

LOUISA Wer ist das?

BEATRICE Nur ein Abdruck im Samt.

SIMPLIZIUS *schnalzt* Schon gleichgestellt, wie es sich auch gehört. Aber solltest du nicht wissen, was eine Wolfshatz ist, Louisa, so erkläre ich dirs gern noch einmal.

LOUISA Er nennt mich du.

BEATRICE Mich auch.

SIMPLIZIUS Wie man sie aus den Traden treibt und wie zuletzt die Hinterbeine einknicken.

LOUISA Was ist das, Traden?

SIMPLIZIUS Stell dich nicht an. Sonst erkläre ich dir auch noch deinen Jubel, wenn er eingeholt war, wenn ihm die Angst das Blut in die Augen trieb.

LOUISA *fast weinend* Traden, Traden!

BEATRICE *vorwurfsvoll* Jetzt weint sie.

JASON Wir kommen zur Lage.

SIMPLIZIUS *reibt sich die Hände* Schön!

JASON Wo beginnen wir?

BEATRICE Ein grüner Tisch ist oben, Billard und alles.

JASON Und auch genügend Scheren und papierene Orte?

BEATRICE Unsere Küste ist für Lagebesprechungen berühmt.

LOUISA *schluchzt jetzt laut*

BEATRICE Wir haben alle Bequemlichkeiten, die eine Lagebesprechung erfordert, vom Pfeifenständer begonnen. Abgeteilte Strände für jeden Besucher, wenn es warm genug ist.

JASON Napoleonische Hafenbecken, wenn es kühl wird.

LOUISA *immer noch schluchzend* Ich habe keine Ahnung, was Traden sind.

JASON *beruhigend* Louisa!

LOUISA Und wenn mich heute einer fragte WAS SIND DAS, TRADEN? und ich sollte es ihm auf den Kopf zusagen, ich könnte es nicht. Auch nicht für ein Vermögen.

SIMPLIZIUS Nicht?

BEATRICE Kann man es nicht erforschen?

SIMPLIZIUS Traden.

JASON Ein süßes Wort, wer sagts mir noch einmal? Aber Vermögen brauchst du nicht, Louisa, du hast es nie gebraucht. Eine Erscheinung wie du und jetzt mit Echo, quer über die See.

LOUISA Ohne Echo für Sie.

JASON Das macht die Süßigkeit noch kräftiger. Ohne Echo, wenn es sich mit Echo gehört.

SIMPLIZIUS Wer möchte jetzt nicht gern zur Lage kommen? Hinauf! *Ein Sausen, das wieder abbricht*

LOUISA Ich möchte nicht, ich gehe lieber nach Torquay.

JASON Torquay?

SIMPLIZIUS Das sah ich kommen.

JASON Torquay wird dir nicht liegen.

LOUISA *schneuzt sich* Terrassenförmig, mit Schulen aller Konfessionen und belaubten Höhen. Es wird mir liegen.

JASON Terrassenförmig, Louisa, denk an Kolberg und das Treppchen zur Laube oder denke an deinen andern Norden mit seinen Quadern, ist eine Treppe nicht terrassenförmig, nicht terrassenförmiger als jede Terrasse, um so terrassenförmiger, ja, das sage ich, je weniger sie der Erde nacheilt, dem Sand, dem Wein, je mehr sie sich auf Luft erhebt? Kann es etwas Terrassenförmigeres geben als eine Treppe, die zu den schöneren Beratungszimmern führt?

LOUISA Ich störe hier. Und ich traue den Terrassen, die der Erde nacheilen.

SIMPLIZIUS Fort.

JASON Schon wieder.

BEATRICE *spitz* Hier ist Ihr Mantel.

JASON Hier ist mein Mantel.

BEATRICE So gut ichs konnte.

JASON Ein neuer Stich und eine neue Farbe.

BEATRICE *ärgerlich* Ich muß hinauf.

SIMPLIZIUS Wir auch.

Ein neues Sausen, diesmal nicht unterbrochen – aufatmend

Von einer gewissen Geschwindigkeit aufwärts nenne ichs empor.

BEATRICE *eine Lade öffnend* Hier lag der graue Zwirn. Der richtige.

SIMPLIZIUS Dann lassen Sie ihn liegen.

BEATRICE *sich räkelnd* Geben Sie seiner Lage Zukunft, so nenne ichs.

BEATRICE Lage, Lage, Zukunft!

JASON So nennt ers.

SIMPLIZIUS *läßt sich in einen Sessel sinken* Und Ihrem Stand Vergangenheit.

BEATRICE Sie dürfen sich nicht so kräftig in diese Sessel setzen. Unsere Teebesucher –

SIMPLIZIUS *behaglich* Sessel, Sessel, Tee!

JASON Es ist alles sehr hübsch.

BEATRICE Hübsch?

JASON Das Treppchen links, die Scheiben rechts, der halbseidene Vorhang in der Mitte.

BEATRICE *zornig* Der Blick nach Torquay.

JASON Ist nicht übermäßig. Aber es gibt Blicke, die ihn ersetzen können. Drei schwache Pilaster an dem schwachen Haus dort drüben, nicht zu Ende gedacht. Das reicht.

BEATRICE Wer fort ist, hat den Vorteil.

JASON Dann bedenken Sie, wovon Sie fort sind, Beatrice. Wenn ich die Kontinente spare, auch die Meere, Deltamündungen, besungene Häfen, wenn ich nur sage, Sie sind fort von Guadalupe, von den Dörfern am Tejo, von einer Besenkammer bei Ybbs, von Lützen und Lima, fort von den stockenden Beratungen über die Reform des Handarbeitsunterrichts in den Dörfern der Mainschleife, von den Tierschauen und Tierseuchen am Rande der Kalkalpen, von den neunten Weihnachten Ihrer Großmutter, von der Zukunft der Wolfsrasse und auch von Ihrer eigenen –

SIMPLIZIUS Verrufen Sie es nicht.

BEATRICE Für mich an diesen Nachmittagen hier im Salon ist alles schon verrufen. Diese öden Wolken!

SIMPLIZIUS Keine ist fort. *Gelangweilt* Verruf den Tee damit er fortkommt von Afghanistan und endlich auf diesem verrufenen Tisch steht, aber warm.

JASON Heiß.

SIMPLIZIUS Heiß. Mit Teegebäck. Ich verrufe jetzt alles. RUM UND BLÄTTERTEIG! VIEL RUM UND WENIG BLÄTTERTEIG! VIEL RUM!

BEATRICE Gleich, gleich.

SIMPLIZIUS Die Tassen leicht und dünn!

JASON Sie scheinen in Ihren verbrannten Dörfern noch einiges vorgefunden zu haben. *Fensterklirren*

LOUISA *wieder von draußen* Zuerst die Teegedecke, Beatrice, den schmalen Läufer.

JASON Zurück aus Torquay, Louisa?

SIMPLIZIUS Wenn sie durchs Fenster kommt, kommt sie aus Torquay. Das ist erwiesen.

LOUISA Und wenn ich nicht durchs Fenster komme, komme ich aus Torquay.

JASON Alles deine Zeichen.

LOUISA *atemholend* Hier ziehe ich mich leicht hoch. Hier verlängere ich mich sogar, wenn es nicht anders geht. Und meine berühmten Stirnknochen beginnen noch zu wachsen.

JASON Noch stärker, Louisa? Das Längliche war niemals deine Stärke.

LOUISA Hier mache ich es dazu. Die Kursaalbauweise ermöglicht manches.

BEATRICE *während sie die Tassen auf den Tisch stellt* Sie sind verändert.

LOUISA *jetzt innen, lebhaft* Ja. Über Eastbourne gefiel mir mein Charakter nicht mehr.

JASON *ärgerlich* Schließ das Fenster, Louisa.

LOUISA *unberührt* Es war – wie soll ichs sagen? Es war wie eine Eröffnung.

JASON Das ist hergebracht.

SIMPLIZIUS Der Südsüdwest, so gehts mir auch manchmal.

LOUISA Nicht wie es Ihnen geht. Nicht Neid und Habsucht, die Sucht, die Taschen, die sich bieten, auszuräumen oder Lügensucht, Gewalttätigkeit –

JASON *schärfer* Du sollst das Fenster schließen.

LOUISA Es war eher die Milde, die mich an mir selber störte, gemeinsam, mit der Wehmut und der Unerschütterlichkeit.

SIMPLIZIUS Ein Haufen fliegender Fische, angesteckt von drei der fünf Tollwutarten, die sonst nur Füchse befallen, soll von den Antillen nach Norden streben.

LOUISA *die den Faden verloren hat* Mit der Milde und der Unerschütterlichkeit – dräng mich nicht fort!

JASON Ich schließe jetzt das Fenster.

BEATRICE Es wird auch wieder stürmisch.

LOUISA Aber es war die eigene Wehmut, die mich am meisten störte. Gegen den salzigen Dunst. Die aufkommende Nacht bei Eastbourne.

BEATRICE *einschenkend, gereizt* Milch, keine Milch?

SIMPLIZIUS Beides, beides.

BEATRICE Dann keine Milch.

SIMPLIZIUS In meinem innersten Wesen ist eine Unentschlossenheit Milchfragen gegenüber, und ich möchte sie beibehalten.

LOUISA Wir haben auch Sahne in Tuben.

BEATRICE Wir?

LOUISA Im Eisfach nebenan.

BEATRICE Sie haben sich anwerben lassen.

LOUISA Ich habe mich anwerben lassen. Ich drehte über Eastbourne –

JASON Das ist jetzt bekannt.

LOUISA Der Wind blies in meiner Richtung. Trotz schwerer Erschöpfung –

BEATRICE Sie waren beim Kursaaldirektor.

SIMPLIZIUS Milchfragen.

LOUISA *immer aus der anderen Ecke* Ich war beim Kursaaldirektor.

JASON Schon in den richtigen Farben?

LOUISA Nicht ganz. Aber er ließ es mich nicht merken.

JASON Unsere Hilfskellnerin Louisa war keine schlechte Hilfskellnerin. Sie wußte schon ehe sie begann die Lage der Eisfächer.

SIMPLIZIUS Weißt du, wo Rum ist, Louisa?

LOUISA Ich hole ihn gleich.

JASON *wie vorhin monoton, als läse er* Friede sei mit ihr.

BEATRICE *schluchzt* Mit der?

SIMPLIZIUS Wo der Rum stand, wußte sie nicht rasch genug.

LOUISA *aufatmend* Hier ist er!

SIMPLIZIUS *während sie ihm Rum gibt* Friede, Friede.

LOUISA Wir müssen Freunde werden, Beatrice.

SIMPLIZIUS Oder in drei Teufels Namen. Wie sagt man hier?

LOUISA Es kommt alles mit der Zeit. Als mein Vater in Eberswalde als Gerichtsassessor begann, konnte er sich zuerst auch nicht daran gewöhnen, daß schon einer da war. Zuletzt weinte er, als der andere fortging. Es war nur drei Jahre danach.

JASON *kalt* Liebe Louisa.

LOUISA Sollten wir nicht beginnen? Der Läufer aus dem Schränkchen, die eigentlichen Teegedecke?

SIMPLIZIUS Auf Eastbourne!

JASON Es war gründlich.

LOUISA Und das ältere Chrom.

BEATRICE *starr* Das ältere Chrom.

LOUISA Für die ersten Teebesucher.

BEATRICE *sich aufraffend* Die sind hier.

LOUISA Ich meine nicht uns.

BEATRICE *lacht* Die beiden hier?

SIMPLIZIUS Hören Sie, wer Sie sind? Sie sind einer von uns beiden, aber ich lasse Ihnen die Wahl.

JASON Kein Boot mehr, Louisa, nicht steif, nicht Holz, wie fühlst du dich?

BEATRICE Sie ist um das ältere Chrom gegangen.

SIMPLIZIUS Möchten Sie lieber der UNS sein oder lieber der BEIDEN. *Behaglich* Oder sollen wir die Buchstaben würfeln? Da hätten Sie fast Chancen, aber ich bin gegen das Würfeln. Es geht immer etwas verloren, und die Wörter sind ohnehin schon dürftig genug.

LOUISA Hier ist das Chrom.

JASON *legt seinen Löffel hin* Ich bin fertig.

SIMPLIZIUS Ich auch. Mit allem, was Chrom betrifft, auch älteres Chrom. Ich weiß nicht, ob es über Eastbourne war, daß ich mich zu den hohlen Händen bekehrte –

JASON Nicht Eastbourne.

SIMPLIZIUS Aber es war für immer.

LOUISA Die Gedeckordnung, Beatrice?

SIMPLIZIUS Ich beurteile Getränke danach, ob sie sich aus der hohlen Hand trinken lassen.

LOUISA Hatten wir sie nicht schriftlich festgelegt?

BEATRICE Im Schränkchen, grünes Glanzpapier, es ist die von 1873.

LOUISA Die letzte?

BEATRICE Haben wir noch nicht.

LOUISA Ich meine, die neueste.

BEATRICE Von 1917? Die ist verschwunden.

LOUISA Verschwunden?

BEATRICE Sie war nicht besonders. Schlechte Abänderungen an den falschen Stellen. Die Schrift undeutlich, ein schwacher Druck. Besonders die Beispielzeichnungen waren oft kaum sichtbar. Bei manchen wußte man nicht, lag ein Hase oder ein Reh auf der Platte? Waren mit gewissen Andeutungen Torten- oder Fischmesser gemeint? Man wußte es nicht.

LOUISA *gleichgültig* Ein schlechter Zeichner.

BEATRICE Sollten die Servietten fünffach oder siebenfach gefaltet werden? Das variierte auf einer einzigen Zeichnung.

Ein schwaches Klirren.

LOUISA Was ist das?

BEATRICE *immer lebhafter* Es war eigentlich alles variabel an dieser Gedeckordnung, sie lag dort wie an den Strand gespült, wie manchmal Kochbücher mit jambischen Einleitungen, die im Sande liegen. Man wußte nicht, woran man mit ihr war –

LOUISA Das sagten Sie soeben.

BEATRICE Im Index Wörter wie TOLLWUT oder VALENTIN, ich frage Sie, was soll das bei einer Gedeckordnung? Die Einteilungen von Picknickkörben fehlten ganz, bei den Frühstückssitten auf hoher See war wieder ein Mangel an Variationen zu spüren und wie man den Toast bei Krönungsfeiern anbringt –

LOUISA *eisig* Ausbringt.

BEATRICE Das stand nicht darinnen. Ich frage mich überhaupt, ob es eine Gedeckordnung war. Wars eine? Wars eine? Es war keine. Ich glaube, es war keine. Nein, es war keine, jetzt hab ichs. Es war keine. Keine Gedeckordnung.

LOUISA Sie erschöpfen Ihre Kräfte.

Klirren

LOUISA Es klirrte.

BEATRICE *ruhig* Unsere Freunde sind fort. Durchs Fenster.

LOUISA *erbittert* Dieser Ort bietet wenig Abwechslung. Wenn ich es offen sagen darf: zu wenig. Fort und hier, fort und hier und dazwischen nichts, was das eine oder das andere rechtfertigen könnte. *Den Tränen nahe* Kein Tanz, keine Zuspitzung, nichts verflicht sich ernsthaft miteinander.

BEATRICE *ungerührt* Arme Louisa.

LOUISA Da waren mir noch die Sätze in meinem französischen Lehrbuch lieber, gewöhnliche Exempel, flach auf den Seiten. Da kam mehr vor als hier.

BEATRICE Ein Taschentuch? Aus dem Geschirrschrank?

LOUISA *schluchzend* Immer zwölf bis vierzehn Kapitel und ohne einen anderen Zusammenhang als das Beispielhafte. Aber es kam mehr vor. *Sie trocknet die Tränen* Die Fenster haben sie uns auch zerbrochen.

BEATRICE Louisa, Louisa! Die erste Lerche!

LOUISA Ihre Abwechslungen.

BEATRICE Oder haben wir Herbst? Und bei dieser Windstärke? Mich wunderts, auch das Trillern. *Nach einer kurzen Pause* Drei Jahre bin ich hier, und es geht mir schon jetzt so, daß ich manches nicht mehr voneinander unterscheiden kann. Fichten und Föhren, das ginge noch, das könnte man verstehen, aber Föhren von Luftpostpapier? Ich unterscheide es einfach nicht mehr. Und es ist nicht das einzige. Zu häkeln habe ich auch verlernt.

LOUISA *von neuem interessiert* Konnten Sie häkeln?

BEATRICE Stäbchen! Ganze Westen.

LOUISA Und um es zu verlernen? Wie lange brauchten Sie?

BEATRICE Sieben Wochen.

LOUISA Ich kann mehr als häkeln.

BEATRICE Südöstlich soll es bessere Orte geben, gegen andere Disziplinen. Um das Netzen und den Kettenstich zu verlernen, gründlich zu verlernen, ließ ich mir sagen, soll man in Le Havre nur fünf Wochen brauchen.

LOUISA Ich kann nicht netzen.

BEATRICE Es soll auch in unserm Land Orte geben, in denen man, so unglaublich es klingt, die Luftmaschen schon nach elf Monaten verlernt hat.

LOUISA Ich hatte gute Lehrer. Hören Sie? *Sie summt vor sich hin* Das Tristanmotiv. Unauslöschlich.

BEATRICE Dagegen soll Saint Lazare gut sein.

LOUISA Ich ertrage es. Ich will nur handarbeiten verlernen. Die schwierigsten Muster, auch die halbschwierigen, die man mir an manchen Nachmittagen meines zwölften Jahres beibrachte. Aber ich halte es nirgends lange aus. Es muß mit Eastbourne zusammenhängen und mit der Änderung meines innersten Wesens: Ich brauche Welt. Und Sie ahnen nicht, wie fest gerade schwierige Muster haften, wenn sie erlernbar sind. Sterne, Fische, Segel im Plattstich, auch Jagdszenen oder den Walfischfang im geeigneten Moment. Nachts könnte ich die Stickanleitung in jede Tapete ritzen.

BEATRICE Ich sah Seeleute, die hatten sie am Unterarm.

LOUISA Und? Ging sie weg?

BEATRICE Hören Sie?

Schritte im Haus

LOUISA Solange wir für uns sind, Beatrice: Soll ich bleiben?

BEATRICE Hier nicht.

LOUISA In welche Metropole?

BEATRICE Ich hörte, daß es selbst in Metropolen Stadtteile gibt, wo der Plattstich unverlernbar ist. Ich hatte eine Freundin in Saint Denis, sie verlernte dort nichts. Erst als sie ein paar Jahre in Stettin war, ging der Steppstich weg. Den Holbeinstich verlernte sie nie, auch nicht die Tuchmosaike. Sie hatte sich zu lange in Saint Denis aufgehalten.

LOUISA *entschlossen* Ich gehe nach Stettin. Solange ich jung bin.

Die Tür öffnet sich

JASON Ein Glas Tee vorher?

LOUISA Was wollen Sie?

JASON Dasselbe von vorhin. Als Monteur verkleidet. Ich bin der eine.

SIMPLIZIUS *noch im Treppenhaus, hinter Jason* Ich bin auch der eine.

LOUISA Ich sagte schon, daß mir die Abwechslungen hier nicht genügen.

JASON Wir waren an den Hafenbecken und haben den Kaiser bewundert.

SIMPLIZIUS Bis heute, stellt euch das vor Augen, bis heute nur geringfügige Reparaturen nötig.

JASON Da und dort ein Riß.

BEATRICE Ich hörte unlängst, daß es salzärmere Seestreifen gibt, 53 cm breit und bis 25 tief.

LOUISA *flüsternd* Aufhören!

BEATRICE Bis weit nach England hin.

LOUISA *zuletzt schreiend* Aufhören, aufhören!

Klirren, Sausen, Türenschlagen

Im Freien, Stimmengewirr

JASON Keine andere Landschaft könnte Mozart hervorgebracht haben.

BEATRICE Man umringt uns.

SIMPLIZIUS *flüsternd* Keine Vorsicht.

BEATRICE Der Kursaaldirektor!

JASON Das ist die Oberstenfrau, die vorhin an uns vorbeilief.

BEATRICE Woher sie die Teegläser hat?

SIMPLIZIUS Aus dem Schränk –– wie heißt es?

BEATRICE Schränkchen.

JASON Was steht auf Plünderung?

SIMPLIZIUS Nichts. Reden, reden!

JASON Sie drängen uns ins Wasser.

SIMPLIZIUS *rasch* Die Sprache benützen!

BEATRICE *stammelnd, immer neue Sätze beginnend* Keine andere Landschaft, Botschaft –– keine andere Gegend –– wir könnten ebensogut auf Baumstümpfen sitzen –– Bach, Bach in Ansbach und die Schwadronen –– ist es wahr, sagte man früher Kürassiere? Im Laubenhäuschen? Aber die Stöckchenlandschaft ––

SIMPLIZIUS *beteuernd* Eine aufgelegte Stöckchenlandschaft.

JASON Man kann nicht Grünbaum heißen.

BEATRICE Nein! Nein!

SIMPLIZIUS Weiter!

JASON *verzweifelt munter* Unlängst sah ich Mutterkorn.

SIMPLIZIUS Und den Rest.

BEATRICE Bis zu 60 Buhnen.

Das Stimmengewirr schwillt an

BEATRICE *darüber* Früher waren es 62.

JASON Ich frage mich: Was ist in die Seearchitektur gefahren?

BEATRICE *ruhig* Der Geiz.

JASON In einem Satz. *Während die Stimmen noch näher kommen* Du mußt in Sätzen sprechen.

BEATRICE *langsam, jedes Wort betonend* Der Geiz ist in die Seearchitektur gefahren.

SIMPLIZIUS Man sieht überall durch.

JASON Und was folgert daraus? *rasch* Pilaster, der Mangel an Mosaiken auf den Hochseekuttern. Man läßt sich auf Weichholz ein.

BEATRICE Ach das, ja.

SIMPLIZIUS *flüsternd, während das Stimmengewirr nachläßt* Sie verziehen sich.

BEATRICE Der Kursaaldirektor sieht immer noch herüber. Die mit dem Teeglas. Jetzt zeigen sie auf uns. Verneigt ihr euch?

JASON Nein.

SIMPLIZIUS Ich auch nie öfter als dreimal.

BEATRICE Sie hat Tee verschüttet.

JASON Ich ziehe jetzt meinen Hut.

SIMPLIZIUS Guten Abend!

BEATRICE *ermutigt* Guten Abend!

Stille

SIMPLIZIUS Das hilft.

JASON Man müßte der Menschheit öfter guten Abend wünschen.

SIMPLIZIUS Sobald sie sich zu elft am Strande aufhält.

BEATRICE *lauter* Guten Abend!

Gläserklirren in der Ferne

Sie trinken uns zu.

SIMPLIZIUS Diese Federhauben!

BEATRICE *neugierig* Kommt das jetzt wieder durch?

JASON Es sprüht Tee herüber.

SIMPLIZIUS *bürstend* Pfui Teufel.

JASON *ruft* Gesundheit, Gesundheit!

BEATRICE *zaghaft* Gesundheit!

wieder Stimmen

lauter Frohsinn!

SIMPLIZIUS *bürstend, ärgerlich* Tee auf Leder!

BEATRICE *verzweifelt* Sie kommen.

SIMPLIZIUS Frohsinn, Frohsinn!

JASON Erhabenheit des Gemüts! Einen sephardischen Geist!

SIMPLIZIUS Lustiges Nüsseknacken!

BEATRICE *laut* Glückliche Reise!

SIMPLIZIUS Das war gut.

JASON Kühnheit, Mittagslob, mir kommt alles durcheinander. Auf einem Hügel bei Triest wünschte man sich vor Jahren einen gesegneten Absprung.

SIMPLIZIUS Das paßt hier nicht.

JASON Was dann?

BEATRICE *flüsternd* Kraft und Stärke.

JASON Kraft und Stärke!

BEATRICE *flüsternd* Alle unsere Lieben.

JASON Alle unsere Lieben.

BEATRICE *flüsternd* Zum Wohl.

JASON Zum Wohl!

SIMPLIZIUS Das hat eingeschlagen.

JASON *erleichtert* Was einem oft nicht einfällt.

BEATRICE Jetzt gehen sie.

JASON Die mit dem Teeglas spielte, glaube ich, in Rotterdam die Luise in Kabale. Der Gang ist unverkennbar.

SIMPLIZIUS Weißgrün.

JASON Würdest du auch gern die Luise spielen, Kindchen?

BEATRICE Die Luise spielen!

JASON Nicht Louisa, die Stettin uns raubte.

SIMPLIZIUS Sie an sein Herz zog, daß die Türen krachten.

JASON Oder lieber die Milford, die Cordelia, Thekla, Amalia, Emilia?

SIMPLIZIUS Seekühe da draußen! Das sind Verwandlungskünstler. Federhauben, Teegläser, Salzwellen, auf, ab, auf, ab!

JASON Die Vera Cruz?

SIMPLIZIUS *wird von einem Hustenkrampf geschüttelt* Elf Seekühe, elf verschiedene Breiten!

BEATRICE Sie sinds. Ich sehe auch ein Teeglas schimmern.

JASON Wir sollten uns bald über Salztee einig werden.

SIMPLIZIUS He, ihr Verwandlungskünstler! Gebt ihr kein Gastspiel mehr? *Schweigen* Ihr dürft hier alles spielen! Alte Leute, zermalmte Seekräuter, pfeifende Gedärme! Robben- und Schafsaugen und die Kaiserin Eugenie.

JASON Unverlockend.

BEATRICE Eins schwimmt voraus.

JASON Die Dame.

SIMPLIZIUS *bewundernd* Die spielen alles. Unangewiesen und bei dieser Nässe.

JASON Freundliche Harpuniere in der Erinnerung.

BEATRICE Gott muß stark sein. Aber die lila Stockschirme haben sie alle auf dem Pier gelassen.

JASON Für die Heimkehr.

BEATRICE *Händeklatschend* Wir erwarten sie.

JASON Ich möchte abraten.

BEATRICE Sollen wir sie ihrem Schicksal überlassen?

Elf Seekühe, unterwegs nach den unmöglichsten Orten, Labrador oder Biskaya, ich kenne ja nicht alle. Und zu den Leuten dort? Nachdem wir sie mit unseren Trinksprüchen gejagt haben? Wer weiß, wen ihre Milch lockt? Und wo sie Weiden finden, wer sie freundlich aufnimmt?

JASON *seufzend* Gut, gut.

BEATRICE Was soll das heißen?

JASON Wir erwarten sie.

BEATRICE Ja, ja! Wir erwarten sie, wir erwarten sie! Wir erwarten sie.

Pause

SIMPLIZIUS Au weh!

JASON Sind Sie getroffen?

SIMPLIZIUS Ich weiß nicht.

JASON Glück.

SIMPLIZIUS Ich weiß nicht, ob es der Südsüdwest ist, oder der Stockschirmmechanismus, der zurückschlägt.

JASON *stöhnend* Schwer wie Blei.

BEATRICE Wenn wir sie aufbrächten!

JASON *gereizt* Was nützte es uns?

BEATRICE Ein Schutz.

BEATRICE Ein Stockschirmzelt. Auf diesem gottverlassenen Pier.

BEATRICE Nur einen. Oder zwei.

SIMPLIZIUS *stöhnt unwillig*

BEATRICE Ich bleibe hier. Auch wenn keiner aufgeht.

SIMPLIZIUS *während der Arbeit* Was mich wundert ist, daß die Beschäftigungen nicht abnehmen. Wir sind die Schirmaufspanner.

JASON *gähnend* Stockschirmaufspanner.

BEATRICE *eifrig* Es muß ein geheimer Mechanismus sein.

SIMPLIZIUS Eine Zwischengewalt. Aber die elf sind schlau. Lassen hier etwas liegen, was eine Farbe hat, lila, und zwei Sinne, Stock und Schirm. Das lenkt ab, das läßt einen nicht auf die Idee kommen, daß es uneröffenbar ist.

BEATRICE *munter* Wer kennt die Ballade von der verlorenen Uhr?

JASON Sing sie nicht!

BEATRICE Ich wollte nur das Grammophon aus dem Kasino holen.

Ein Knall

SIMPLIZIUS Auf!

BEATRICE Der erste!

JASON *enttäuscht* Eröffenbar.

SIMPLIZIUS Das zieht!

BEATRICE Bleib hier, Simplizius!

SIMPLIZIUS *schon entfernt* Öffnet keinen mehr!

JASON Was sagt er?

SIMPLIZIUS *sehr entfernt* Öffnet keinen mehr!

BEATRICE Ich verstehe ihn nicht.

JASON Aber ich.

SIMPLIZIUS *am entferntesten, aber deutlicher, während der Wind nachläßt* Öffnet keinen mehr!

BEATRICE Der ist gut!

Im Kasino

JASON *diktierend* Und so bleibt uns nichts übrig, als für die Aufbesserung des Lichtes zu sorgen –

BEATRICE Lichtes zu sorgen –

JASON Beatrice – wie heißen Sie?

BEATRICE Kalugha.

JASON *nachdenklich* Beatrice Kalugha.

BEATRICE K wie Kerbe, A wie Alpenrand, und so fort. Nur nach dem G ein H.

JASON *weiterdiktierend* Beatrice Kalugha und ich.

BEATRICE Ich glaube, jetzt ist es gut.

JASON Glauben Sie, daß ich alles gesagt habe, was man einer Kurbehörde sagen kann? Auch so, daß das Verschwinden eines Stockschirms gerechtfertigt erscheint? Und daß man uns nichts nachträgt?

BEATRICE Ich kenne Sie gar nicht.

JASON Die Kurbehörde kennen Sie besser als ich.

BEATRICE Man wird uns alles nachtragen. Daß wir die Schirme berührt haben und daß wir sie nicht berührt haben, daß wir sie aufbrachten –

JASON Nicht alle.

BEATRICE Und daß wir sie nicht aufbrachten. Daß wir sie nicht zur Behörde trugen –

JASON Weil die Behörde nach Hause gegangen war.

BEATRICE Und daß die Behörde nach Hause gegangen war. *Die Stimme verstellend* Wie ist es möglich, elf Stockschirme und Sie haben nichts damit zu tun gewußt, nicht das einzige, was Sie damit hätten tun können?

JASON *auch verstellt* Aufspannen, Herr Richter?

BEATRICE Nein. Vorsichtig zum Amt tragen, daß die Seide nicht schleißt.

JASON Sie sind aber schwer.

BEATRICE Schwer? Reichen Sie mir einen herüber!

JASON Vorsicht!

BEATRICE Nichts. Kein Gewicht. Wenn ich meinen gesonderten Schirm für sich nehme, trage ich schwerer als an Ihren elf Stockschirmen.

JASON An unseren?

BEATRICE Sie erklären auch, daß die Schirme nicht eröffenbar wären.

JASON Schwer eröffenbar.

BEATRICE Oder schwer eröffenbar. Und daß man an ihnen hängend davongeweht werden könnte, auf Nimmerwiedersehen. *Das Letzte flüsternd* Bleiben Sie da! Bleiben Sie!
Gelächter. So ungefähr.

JASON *neugierig* Ist das der Schreibsalon? Lackiert und grau?

BEATRICE Nach meiner Anweisung. Eine Kasinodame ist hier alles.

JASON Wir sind bald fertig, Beatrice.

BEATRICE Nur noch die Redensarten.

JASON Wissen Sie eine?

BEATRICE Waldeslust.

JASON Das ist keine Redensart.

BEATRICE Mit Filzschreibern auf Glanzpapier über den linken Fensterstock. Es reicht.

JASON Es ist ein Doppelwort. Und die andere?

BEATRICE Über den rechten.

JASON Ich meine: Wie soll sie heißen.

BEATRICE Über den Rechten.

JASON Wir werden eine schlechte Nachrede bekommen.

BEATRICE Ich hole Glanzpapier, ich weiß jetzt auch die dritte: Getümmel.

JASON *während man Schritte und das Falten von etwas steifem Papier hört* Getümmel? Getümmel, Getümmel. Das geht.

BEATRICE Sie müssen mir den Tisch ans Fenster schieben helfen. *Scharren* Tüm mit zwei M?

JASON Zwei M.

BEATRICE Getümmel. Waldeslust, die weiß ich selber. Und die dritte. Ich nagle sie jetzt fest. *Hämmern*
von oben Hier springt die Wand.

JASON Nur Mut!

BEATRICE *mit einem Nagel zwischen den Lippen* Da haben Sie recht.

JASON *in das Hämmern* Waldeslust ist doch gut.

BEATRICE *noch immer mit dem Nagel* Was sagen Sie?

JASON Waldeslust ist gut.

BEATRICE Ich bin jetzt bei Getümmel.

Das Hämmern beginnt wieder und wird wieder unterbrochen

JASON Woran denken Sie?

BEATRICE An Stettin. Vorgärten, das Sirren von Drähten und wie der Name in der Luft steht. Stettin – Stettin – Stettin. Louisa hat den Teeläufer mitgenommen.

JASON *ärgerlich* Vorgärten!

BEATRICE Um die Schultern, für die Reise.

JASON Ja, das sieht ihr ähnlich.

BEATRICE Ich hätte es auch getan an ihrer Stelle.

JASON Soll ich weiterhämmern?

BEATRICE In der Luft ist es kalt.

JASON Verdammtes Biedermeier.

BEATRICE Wenn ich denke, wie gemütlich wir es eben hatten. Noch vor zwei Stunden.

JASON Sie sollen weiterhämmern!

BEATRICE Simplizius, Louisa, Sie und ich. Hier im Salon, bei allen Differenzen. Wir waren beisammen, wir bereiteten Tee vor. Und jetzt?

JASON Ich lasse jetzt den Tisch los. Sie wissen, wie locker das eine Bein ist.

BEATRICE Nicht!

JASON Beatrice!

BEATRICE Jetzt drohen Sie sogar, den Tisch umzuwerfen.

JASON Das ist nicht wahr.

BEATRICE Gleich werden Sie fort sein.

JASON Ich werde nicht fort sein. Mein Fehler war immer noch die Anwesenheit.

BEATRICE Und ich? Was soll ich dann der Kurverwaltung sagen?

JASON Sie sollen jetzt zu Ende hämmern, Beatrice. Noch zwei Nägel.

BEATRICE Wie rasch sich alles eintrübt.
In der Ferne Blasmusik
erschrocken Die Kurkapelle *Beide horchend* Rosen aus dem Süden.

JASON Beatrice!

BEATRICE Ich mache schon fertig. Aber werden Sie mich dann in Schutz nehmen?

JASON *während sie wieder zu hämmern beginnt* Wir gehen dann den Strand hinauf und wünschen gute Nacht.
Ein Wirbel von Gehämmer

BEATRICE Fertig. Ich hole meinen Mantel, nehmen Sie den Tisch fort! Einfach in die Mitte. Ich helfe, warten Sie.
Im Freien, gegen den Wind

JASON Nichts vergessen?

BEATRICE Nichts.

JASON Haben Sie Tagebuch geführt, Beatrice?

BEATRICE Nur ein Ausgabenbuch über Tee-Einkäufe. Noch viel früher eins mit Bemerkungen wie IREN KÖNNEN ALLES oder VERGNÜGTE MICH GESTERN. Das klang alles so ähnlich.

JASON Sind Ihre Füße warm?

BEATRICE Sehr warm.

JASON Die Musik hat jetzt aufgehört.

BEATRICE Die ruhen sich aus. Der Pavillon ist auch zugig. Guten Abend!

JASON Wer war das?

BEATRICE Der Bratschist. Guten Abend, guten Abend! *Bricht in Gelächter aus* Gute Nacht! Nein, ich kanns nicht. Immer dasselbe! Ich kann nicht immer dasselbe sagen.

JASON Sie sollten Ihren Schal nehmen, Beatrice.

BEATRICE Ich nehme ihn schon. Und die Ansteckknadel.

JASON Worüber lachen Sie?

BEATRICE Über Napoleon.

JASON Beatrice!

BEATRICE Wirklich.

JASON So sagen Sie mirs doch.

BEATRICE Über Napoleon. Und seine Hafenbecken.

JASON Über Napoleon.

BEATRICE Ja.

JASON Und seine Hafenbecken?

BEATRICE Ja.

JASON Ein Taschentuch?

BEATRICE Ja.

JASON Wir gehen jetzt unauffällig weiter.

Beatrice lacht zu Ende

Es ist in diesem Spiel von drei Schwestern die Rede. Sie heißen Rosalie, Anna, Josepha. Eine der Schwestern kann es nicht lassen, zu erfinden: Krankheiten, Landstriche, einen zweiten päpstlichen Gesandten. Sie erfindet, was es gibt, Mütter und Söhne, die Stadt Cannes, die Finsternis. Ihre Erfindungen glücken nicht immer, und sie muß Vorwürfe von ihren Schwestern einstecken, bis sie sie fortschickt, zurück in die Übereinkünfte, in die Erinnerung an das Mutterland, in ihre alten Wohnungen, auf ihre alten Strecken mit den alten Bekannten. Haben diese Schwestern existiert oder hat sich die eine die beiden anderen, die ältere und die jüngere, zum Trost erschaffen? Sicher ist: Sie ruft sie nicht zurück, als ihre Erfindungen über ihr zusammenschlagen.

Die Schwestern Jouet

Personen
ROSALIE JOUET
JOSEPHA JOUET
ANNA JOUET

Im Freien

JOSEPHA Was hat Rosalie gesagt?

ANNA Erde.

JOSEPHA Das war unvorsichtig von ihr.

ANNA Was meinst du?

JOSEPHA Ich meine, kaum sagt sie es, stapelt es sich schon auf, liegt in Streifen herum, in Bergen, Buckeln, Wellen. Was du willst.

ANNA Laß es doch.

JOSEPHA Dort ist ein neuer entstanden.

ANNA Das ist die Sonne.

JOSEPHA Ist die auch noch da? Verdirbt einem den Blick.

ANNA Der dort drüben ist neu.

JOSEPHA Das sage ich ja.

ANNA Ein Landstrich. *Als Josepha schweigt* Es tanzen schon Einheimische darauf.

JOSEPHA Alles ihr Verdienst. Unsere liebe Schwester.

ANNA Laß sie doch.

JOSEPHA Unsere liebe Schwester erschafft sich die Welt. Landstriche, Kaliwerke. Bis zu den Fahnen der päpstlichen Botschafter.

ANNA Und? Weshalb sollte sie nicht?

JOSEPHA Aus Rücksicht.

ROSALIE *frisch* Hier bin ich wieder. Es war schön, so kalt. Der päpstliche Botschafter ist krank geworden.

ANNA Hörst du?

ROSALIE Ich sah ihn durchs Fenster. Ich fragte ihn WIE GEHT ES, EHRWÜRDEN? GUT, GUT, MEIN KIND. WAS MACHEN DIE MAGNOLIEN, DIE ICH IHNEN BRACHTE? DIE BRACHTEST DU, IST DAS WAHR? DAS IST WAHR.

JOSEPHA Wahr.

ROSALIE Er sagte WENN DAS WAHR IST, SCHENKE ICH DIR EINE. UND NOCH EINIGE ÄPFEL.

ANNA Wo hast du sie?

ROSALIE Wir kamen ab.

JOSEPHA *scharf* Wohin?

ROSALIE Frühe Schriften.

ANNA Was?

ROSALIE Gepinselte Kehl-, Rachen- und Lippenlaute. Eine Leidenschaft von ihm. *Gähnend* Er sprach lange.

JOSEPHA Ich will dich etwas fragen, Rosa. Hast du den Landstrich erfunden, Ost-Nord-Ost, zweihundertzwanzig zu sechstausend?

ROSALIE *kauend* Der ist alt.

JOSEPHA Gestern?

ROSALIE Ja, vielleicht gestern. Ich dachte nicht, daß etwas daraus wird. Wächst er?

ANNA Sie stecken ihn schon ab.

ROSALIE Und was wollen sie pflanzen?

ANNA Sie tanzen darauf.

ROSALIE Wenn das der Botschafter wüßte. Er wäre gleich da. Stünde von seinem Krankenla-

ger auf, hüllte sich in Baumwolle. A ma
très chère Delphine.

JOSEPHA Hör zu erfinden auf!

ROSALIE Eine Grabschrift, ehrlich.

JOSEPHA Das sind Anfänge.

ROSALIE Ich freue mich, wenn sie tanzen. Die
Köpfe oben und auf und ab, auf, ab und
weiter, hört ihr? Vielleicht gehe ich gleich
hinüber.

ANNA *hastig* Bleib hier, Rosalie, zeige es uns!
Laß uns mit dir – die neue Welt –

ROSALIE Ihr wart dabei. Zweimal.

JOSEPHA Meinst du bei der Salzlauge, die gleich
wieder vertrocknete?

ROSALIE Weil ihr fortgingt. Und der Erdnußberg?

ANNA Ein Schalenberg.

ROSALIE War das nichts? Schalen ohne Nüsse und
so hoch aufgeschichtet wie, ich weiß
nicht wie, aber hoch. Und dazu zwei
Mädchen in gefärbten Kitteln, die
sammelten, suchten nach Nüssen.

JOSEPHA Wußten nicht, daß du die Schalen für sich
gemacht hattest, mit Rillen und Brüchen,
und kamen fast unter den Berg. Die haben
Anna und ich hervorgezogen, während
einer in einem steifen Hut um die Schie-
nen bog und sich nicht umsah. Dreimal.
Er muß auch von dir gewesen sein.

ANNA Die armen Wesen spuckten, sahen bleich
aus.

JOSEPHA Und wurden von uns verpflegt, von dem lumpigen Tee, den wir noch hatten.

ROSALIE Von euch, da habt ihrs.

JOSEPHA Und wenn sie nicht davongekommen wären, deine beiden? Wenn wir keinen Tee für sie gehabt hätten? Keine Pflaster für die Risse an den Fingern?

ROSALIE Fragen, Fragen.

ANNA Aber dann liefen sie gleich weg, frisch und gestärkt, mit Pflastern, so eilig und lustig. Ja, lustig! Man kann es nicht anders nennen.

ROSALIE Nenn es nur so.

ANNA Der mit dem Hut bog noch einmal um die Schienen, gleichmäßig wie vorher.

JOSEPHA Ich sage dir, hör auf zu erfinden, Rosa!

ANNA Aber es störte mich nicht. Siehst du, Josepha, rief ich, wenn wir nicht gewesen wären!

JOSEPHA Und dann riefst du: Das sind unsere Freuden!

ROSALIE *lacht* Arme Josepha!

JOSEPHA Vor uns türmte sich der Schalenberg, und wir hatten nur die Wahl: Sollten wir warten, bis du den nächsten erfändest, der Lust bekäme, sich daran satt zu essen. Oder nicht.

ROSALIE Ich erfand keinen mehr. Der immer um die Schienen ging, war der Vater. Das reichte mir.

JOSEPHA Seither hast du 62 Neue erfunden.

ROSALIE Mit den dazugehörigen Ländern. Das habe ich getan. Sollten sie keine Länder haben oder wenigstens Hühner? Falter über ihren Gemüsebeeten?

Klatschen und Trommeln in der Ferne

JOSEPHA Das hört sich anders an.

ROSALIE Strohsäcke, Sternsagen, Lesebücher aus dem Mutterland?

JOSEPHA Schluß jetzt!

ANNA Ja. Bring sie nicht in Zorn, Rosa.

ROSALIE Meine letzten elf sind ganz munter.

JOSEPHA Und dann noch das Mutterland ins Spiel bringen. Du. Das Mutterland.

ROSALIE Diese alte Wüste. Unerfindbar.

JOSEPHA *fast weinend* Hörst du, Anna? Merke dir das alles, behalte es im Gedächtnis!

ROSALIE Mehr kannst du auch nicht damit.

ANNA Ich erinnere mich noch. Süße Quellen.

ROSALIE Ja, ja!

ANNA Pferderennen, der Knall, wenn die Tontauben zerbrachen, das Gelächter der jungen Rekruten.

ROSALIE Die erfinde ich nicht.

JOSEPHA Und deine Tänzer da drüben? Deine kleinen Kannibalen mit ihren Salzaugen?

ROSALIE Die Meinen?

JOSEPHA Und die eingerollten Fahnen, die lauen Stürme im Botschafterviertel, dein Gesandter mit seiner Verkühlung?

ROSALIE Der Gute.

JOSEPHA Die Fischweiber, die über die aufgeplatzten Gedärme der Muränen lachten.

ROSALIE *verstimmt* Das ergab sich.

ANNA Die Leber soll giftig sein.

JOSEPHA Finde nur Gründe für sie, laß sie weiter erfinden! Dschunken, Hausflure, neue Völker.

ROSALIE Von den Fischweibern habe ich nur die erfunden, die ernst blieben. Ich meine die eine, diejenige, die dahinter stand.

JOSEPHA Meineide, schon mit neun.

ROSALIE Erinnert ihr euch, die mit dem braunen Rock? Sie lachte nicht.

JOSEPHA Ich sah keine, die nicht lachte.

ROSALIE Die nur den Rock anhatte, meinst du die?

JOSEPHA Und ihn aufhob und sich den Mund damit wischte?

ROSALIE Sie lachte nicht.

JOSEPHA Weil sie von dir war? Hast du das platte Gesicht mit erfunden? Und wer weiß, warum sie nicht lachte? Und weshalb hätte sie nicht lachen sollen?

ROSALIE Ja, weshalb?

ANNA *eifrig* Das wüßte ich.

JOSEPHA Du, du! Du willst Rosalie unterstützen, du bewunderst sie schon lange. Starrst sie begierig an, wenn sie an den Gräbern ihrer dunklen Colonels lehnt und neue Erfindungen ausheckt.

ANNA Aber ich weiß es, Josepha, die Frau blieb ernst. Ich drehte mich um, als du fragtest, was das wäre und auf die aufgetriebenen Fische zeigtest. Sie verzog das Gesicht nicht. Sie hat auch einen Kleinen im Baptistenkindergarten. In der unteren Abteilung.

JOSEPHA Einen Kleinen bei den Baptisten!

ANNA Ich kenne sie.

JOSEPHA Wann hast du ihn erfunden, Rosalie?

ROSALIE Zugleich mit ihr, kurz nach der Regenzeit. Ich glaube, es war ein Mittwoch. Er ist hübsch.

ANNA Sie holt ihn jeden Tag. Immer um fünf.

JOSEPHA Und was versprachst du dir von ihm, als du ihn erfandest?

ROSALIE *verwundert* Mir? Nichts. Es ist möglich, daß er auch einen schwachen Charakter hat.

ANNA Das glaube ich nicht.

JOSEPHA Anna weiß es wieder.

ANNA So wie er seine Mutter an der Hand hält und die Cafés entlanggeht.

ROSALIE Er hat schlechte Augen. Kurzsichtig, glaube ich.

JOSEPHA Dann erfinde ihm Gläser.

ROSALIE Nein.

JOSEPHA Ein Wort.

ANNA Oder erfinde ihm breite Schultern, kräftige Arme, einen berechtigten Stolz! Ein schönes zweifarbiges Hemd?

ROSALIE Das habe ich versucht.

JOSEPHA Hörst du? Versucht. Einen kleinen Jungen für den Baptistenkindergarten versucht. Sie weiß nicht, was daraus wird, aber sie versucht es immerhin. Das ist schon etwas. Hat keine Ahnung von den großen Gesetzen, aber sie versucht es.

ROSALIE Ich frage mich auch oft: Wird er Eier vertragen? Und das alles.

ANNA Kennt er dich?

ROSALIE Unmöglich ist es nicht.

ANNA Und hast du auch den Baptistenkindergarten erfunden, Rosie?

ROSALIE Kanntest du ihn nicht? Er war schon da.

JOSEPHA Wie manches andere. Aber er könnte von dir sein mit seinem grellen Anstrich. Mit seiner unteren und seiner oberen Abteilung.

ROSALIE Ja, was nicht alles von mir sein könnte. Aber du hast recht, er könnte von mir sein. Ein paar Schnörkel weniger an der Dachrinne, einige Sandeimer mehr für die untere und für die obere Abteilung –

JOSEPHA Hüte dich, Rosa!

ROSALIE Und er wäre ein Gegenstand meines Stolzes, aber ich lasse es. Ich wiederhole mich auch nicht gerne.

JOSEPHA Wiederholen!

ROSALIE Er hat Ähnlichkeiten mit der kleinen Giraffe, der ich im März das Leben schenkte. Das blättrige Aussehen, den Heißhunger.

JOSEPHA Die Abteilungen. Ich hätte gleich wissen müssen, daß sie von dir war.

ANNA Sie ist ihr gelungen, Josepha!

JOSEPHA Gelungen? Kein Morgen, den sie nicht an unserem Dornenstrauch roch, unser Lager beschnupperte und ihren Kopf an unseren Kamelhaardecken rieb. Der Schrecken aller Expeditionen seither.

ANNA Ich freue mich, so oft ich sie sehe.

JOSEPHA Die lästigste und widernatürlichste Giraffe meines Aufenthalts hier, hat sie Gefährten?

ROSALIE Noch nicht. Aber ich denke daran.

JOSEPHA Ihr Hals ist zu kurz.

ROSALIE Mit Absicht.

ANNA Frißt sie Hagebutten, Rosie?

ROSALIE Ja, Hagebutten.

ANNA Dann ist sie es.

JOSEPHA Und die Hagebutten? Nimmst du einfach. Machst dir nicht die Mühe, sie zu erfinden, wie ich dich kenne.

ROSALIE Sie hat Mühe genug, sie zu fressen.

JOSEPHA Bedienst dich einfach der lieblichen Dinge, die da sind?

ROSALIE Sie kratzen im Hals, ich hätte Veilchen nehmen müssen, oder Jasmin, ich meine den hiesigen. Aber sie klagt nicht.

JOSEPHA Da kommt sie.

ANNA Wie sie hüpft. Ehe ihre Beine über den Horizont sind, erkenne ich sie.

ROSALIE Sie strebt zu den Tänzern.

ANNA Die tanzen jetzt nicht mehr.

ROSALIE Das sehe ich.

ANNA Werden sie nicht versuchen, sie niederzumachen? Werden sie sie nicht jagen, Rosie?

ROSALIE Als ich sie erfand, habe ich ihnen eingeflüstert, daß Giraffenfleisch zäh und schädlich und das Fell häßlich ist.

ANNA Ob sie dir glauben?

ROSALIE Es sieht aus, als berieten sie sich. Einer ist auf einen Stein gestiegen. Der lange Samson!

JOSEPHA Namen.

ANNA *neugierig* Woher nimmst du sie?

ROSALIE Sie stehen herum. Im Sand, auf Leinensäcken, auf den Denkmälern. Ich treffe schon meine Wahl.

JOSEPHA Er hat eine kräftige Stimme, dein Samson.

ANNA Was sagt er? *Als Rosalie nicht antwortet* Sag es uns, Rosa!

ROSALIE Er ruft meine Giraffe, er nennt sie das zusammengesetzte Tier, er fragt sie, wie es ihr gelungen sei, sich über den Rand der Wüste zu schwingen.

ANNA Und sie?

JOSEPHA Erklärt es ihm. *Horchend* Mit Hilfe ihres Halses, ihrer Beine, des Rückgrats. Sehr gut.

ANNA Sie krächzt jämmerlich.

ROSALIE Mit Hilfe des Wüstenrandes selbst, der ihr als Stütze diente. Das war das Beste.

JOSEPHA Es war schwach.

ROSALIE Ach ja, Josepha.

ANNA Sie sind jetzt still.

JOSEPHA Das macht für uns wenig Unterschied.

ROSALIE *ruhig* Was willst du?

JOSEPHA Ich wehre mich. Ich bin nicht Anna, die geduldig darauf wartet, daß du noch mehr Kannibalen herzauberst, Zisternen, die uns Durst einjagen, Botschafter mit Verkühlungen. Oder bis ein früher Nachmittag, von dir erfunden, Lust auf meine letzten Freuden bekommt. Ich will auch dein Geheimnis nicht wissen, deine Tricks, sollte ich sagen, ich will mich nicht mit verstorbenen Unterhäuptlingen einlassen, die es nötig hatten, Colonels zu werden. Und nicht um den Himmel selbst möchte ich dieses lächerliche Tier da drüben erfunden haben, deinen Samson mit seinen Baumstümpfen oder den Namenlosen für den Baptistenkindergarten.

ROSALIE Bergson heißt er.

JOSEPHA Das ist nicht wahr.

ROSALIE Er wird sich freuen.

JOSEPHA Er wird sich freuen. Ob er die erste Handvoll Sand ins Gesicht bekommt oder die letzte Schmeichelei, die ihn abtut, er wird sich freuen. Ob Scharlach oder Krätze, Maulseuche oder die Gestellungsbefehle seiner unermüdlichen Vaterländer – er wird sich freuen. Er wird sich immer sagen ICH HEISSE BERGSON.

ANNA Es ist wahr, Rosie, willst du ihm keinen gebräuchlicheren Namen geben? Osseynou oder Jean? Unlängst las ich, Papa David wäre jetzt auch gut, Sabine käme seit kurzem für männliche Erstgeborene in Frage. Alles mögliche.

ROSALIE Er heißt Bergson. *In verschiedenen Stimmlagen* Bergson, Bergson.

ANNA Ein Name ist wie eine Nase. Ich bin für zweite Namen.

ROSALIE Bergson Paul.

ANNA Bergson Paul!

ROSALIE Wir wollen ihn Bergson Paul nennen. Den kleinen Bergson Paul. Furchtbar.

ANNA Du siehst, daß mit ihr zu reden ist, Josepha. In Güte.

ROSALIE Gute Anna. Aber er wird es für dich auf sich nehmen. Bergson Paul. Bei der ersten Krätze wird ers noch nicht bemerken. Und bei der letzten wird er sich daran gewöhnt haben. Für Anna werde ich ihm sagen, wenn er zu klagen beginnt, für Anna. Für Anna kannst du es tun. Wenn er dann in Cannes an Land geht, schlenkernd, ein Seemann, Bergson Paul –

JOSEPHA Wo wirst du ihn an Land setzen?

ROSALIE Immer wird es in seinen Ohren klingen. Für ANNA!

ANNA Cannes, wo ist das?

ROSALIE Bis dahin ist es da.

JOSEPHA Rosalie ist schon mehr gelungen.

ROSALIE Auf den Antillen oder entgegengesetzt. Es wird seine Schwierigkeiten haben, aber du hast recht, Josepha: Es wird mir gelingen.

JOSEPHA Kein Zweifel.

ROSALIE Vor drei Jahren gelang mir ein Neujahrswunsch am besten. Damals wußte ich noch nichts von Bergson Paul.

ANNA Ich wünsche dir Glück für Cannes, Rosa, daß es schön wird! Mit Wappen, Schalttafeln und mit noch mehr Dingen des Lebens.

ROSALIE Vielleicht nehme ich steinige Strände auf mich, etwas Teer, Marinespitäler wie überall, es wird Bergson nicht stören. Du hast recht, Anna, wünsche uns Glück!

JOSEPHA Ja, wünsche ihr Glück, wünsche ihr nur Glück! Ich stelle mir vor, daß es eine Station für Kannibalen wird, eine der vielen, denen Rosalie ihre Erfindungsgabe geliehen hat. Und noch leihen wird, solange wir es zulassen. Mit Wappen,

Schalttafeln, vielleicht noch einer Pfauenfeder am Landungssteg. Oder soll es ein gewöhnlicher Hahn sein, der an dich glauben muß?

ANNA Solange wir es zulassen? Was willst du sagen, Josepha? *Erschrocken, verändert* Was ist das?

JOSEPHA Was ich sagen wollte.

ANNA Sie hat recht, Rosa, sie kommen näher. Sie führen die Giraffe in ihrer Mitte, sie drohen uns. Rosa, Rosa!

ROSALIE *ruhig* Sie wollen mich etwas fragen.

JOSEPHA *zornig* Dann halte sie davon ab.

ROSALIE *schnalzt mit der Zunge*

JOSEPHA Du bedrohst uns mit deinen Erfindungen.

ROSALIE Ich habe sie aufgehalten.

ANNA Sie sind aber jetzt näher. Meinst du, daß sie dort bleiben, Rosie? Oder daß sie zu ihrem alten Landstrich zurückstreben werden?

JOSEPHA *Anna nachäffend* Meinst du, daß sie nach Südosten streben oder nach Südwesten, Rosie? Oder meinst du, daß sie gleich bei uns sein werden? Um uns, unter uns? Wenn du mich fragtest, Anna, ich könnte es dir sagen.

ROSALIE Es ist ihr Landstrich, sie haben ihn vergrößert. Der dornige Weg – aber gut. Jetzt müssen sie ihn abstecken. Sie werden Arbeit haben.

ANNA

Ob es nicht doch besser wäre, jetzt die Körbe zu packen und zur Stadt zurückzukehren? Es war ein hübscher Ausflug und auch belehrend, ich bin immer wieder für den südlichen Wüstenrand. Man sitzt hier besser, selbst wenn es gegen Abend feucht wird, die Dornenbüsche geben hier mehr Schatten als im Norden, zuletzt kehrt man lieber heim. Du siehst auch Bergson wieder. Wenn wir uns jetzt aufmachen, sind wir gerade um fünf am Baptistenkindergarten. *Aufatmend* Es war gut, daß wir den Nachmittag genommen haben.

JOSEPHA

Für uns wäre es jetzt gut, wenn wir Angst hätten. Angst, Angst, Angst, genug Angst und noch mehr Angst vor unserer Schwester und vor ihren Plänen. Wer begann mit diesem Ausflug? Wer erwähnte ihn so beiläufig wie möglich, als wir im Buchladen standen und ich die schlechte Rosetti-Ausgabe zurückgeben wollte?

ROSALIE

Vier Seiten verdruckt, von der Übersetzung abgesehen.

JOSEPHA

Wer begann zu laufen, damit wir noch rechtzeitig allen Proviant bekämen, wer hat den Wagen gemietet, den Fahrer gewählt und solange wir noch unentschieden waren, immer wieder den kühlen Lufthauch ins Gespräch gebracht, der heute den Wüstenrand auszeichnet?

ROSALIE Den südlichen.

ANNA Das habe auch ich, Josepha, erinnere dich! Ich sagte es auch. Sind wir denn zum ersten Mal hier? Hat nicht jede von uns an diesem Dornenstrauch einen Lieblingszweig für Hut und Mantel?

JOSEPHA Ich nicht mehr. Seit mein Mantel in Fetzen ging und meinen blauen Strohhut Aasgeier holten. Und das ist lange her.

ANNA Rosa hat dir einen neuen gekauft.

ROSALIE Der alte war nichts. Zu rund für deinen Kopf.

ANNA Erzürne sie nicht, Rosa! Und lacht nicht, ich bitte euch, lacht nicht wie ihr jetzt lacht! Man soll im Zorn nicht lachen. Willst du mein Tuch, Josepha?

JOSEPHA *dumpf* Nein.

ANNA Ich liebe diesen Flecken Sand. Und ihr auch. Ihr wißt es.

JOSEPHA Was hast du mit uns vor, Rosa? Willst du Seilereien für Stricke am unteren Küstenstreifen erfinden? Oder Webereien für Seidenbänder, die uns den Hals abschnüren sollen? Kanus, die nicht ausgelotet sind, für die berühmten Spazierfahrten, ein Stickstoffwerk im Osten mit dem dazugehörigen Westwind? Womit wirst du die allmächtige Natur noch bereichern?

Mit zu lang geratenen Alligatoren, einer jungen Seuche unbekannter Herkunft? Willst du einer neuen Art der Flußwirbel auf die Sprünge helfen?

ROSALIE *mürrisch* Sei endlich still.

JOSEPHA Oder genügt die kleine Gruppe dort drüben, die so sorgsam ihr Land absteckt? Mit geschälten Ästen, nein, Stäben, geschält und zugespitzt und lang genug, um noch viel mehr Länder abzustecken? Anna hat recht, es ist ein guter Ort. Wenigstens, um zu erfahren, woher der Wind weht. *Nach einem Augenblick* Sie sind übrigens schon wieder näher gekommen. Tun zuweilen, als berieten sie. Aber sie beraten nichts. Man sieht jetzt auch die eingeschnittenen Muster in den Stäben.

ANNA Hübsch. Nicht wahr Rosie, Josepha?

JOSEPHA *erschöpft* Dein Schönheitssinn, Rosalie. Haben wir noch Tee?

ANNA Da , nimm Josepha, stärke dich! Sieh hinüber, wie schön Rosies Giraffe geraten ist. Wie alles glänzt.

JOSEPHA Sie haben ihr die Beine gebunden.

ANNA *entsetzt* Aber weshalb. Rosalie?

ROSALIE Weiß der Teufel. *Sie schnalzt mit der Zunge*

ANNA Hören sie dich?

JOSEPHA Oder kommen sie schon ohne dich aus?

ROSALIE *schnalzt noch einmal, dann ruhig* Jetzt.

ANNA Sie binden sie los. Aber es wäre nicht nötig gewesen, uns so in Schrecken zu setzen. Sind sie nicht hellhäutig, Rosa? Ich dachte, es wären Farbige?

ROSALIE Entfärbt, ungefärbt, farblos, buntlos, not coloured. Ich kenne mich nicht aus. Wer sagte etwas von AUF DIE SPRÜNGE HELFEN?

JOSEPHA Samson ist dunkel.

ANNA Sie werden schon wieder gehen.

JOSEPHA Ach wo. Aber ich werde gehen. Ich werde nach dieser Landpartie eine lange Nacht brauchen. Und die Früh darauf wird auch nicht besonders sein.

ROSALIE Wir Entfärbten. *Als ahmte sie eine Predigt nach* Von uns ist die Farbe genommen worden wegen unserer Sünden.

JOSEPHA Ich werde auch nicht warten, bis ihr entschlossen seid. Ich warte, bis der Tee mich gekräftigt hat. Dann gehe ich zum Tempel und nehme den Autobus.

ROSALIE Wir kommen auf ein Denkmal. Wegen guter Haltung bei, ich weiß nicht, wobei.

ANNA Der Wagen ist bestellt, Josepha, ich gehe ihn gerne holen. Es kostet dasselbe, ob wir ihn zu zweit oder zu dritt nehmen.

JOSEPHA Dann nehmt ihn zu zweit.

ROSALIE Links, rechts, unten. Darüber das Relief

eines anderen. Wenn ich nur wüßte, wessen Relief.

ANNA Ich möchte auch gehen. Ich war es, die zuerst von Aufbruch sprach.

JOSEPHA Du wirst nie ohne Rosalie nach Hause fahren, Anna. Ihr seid euch einig.

ANNA Ich wüßte nicht, worüber.

JOSEPHA Um so ärger.

ANNA Oder weißt du, worüber ich mit dir einig bin, Rosalie?

JOSEPHA *lacht*

ROSALIE Manchmal sehe ich mich als Kohlenrost für etwas, das noch gebraten werden soll. Eine halbe Ziege, ein Kalb. Oder als Spieß. *Sie schnalzt mit der Zunge* Schon wieder. Ich weiß nicht, welches Vergnügen es ist, jemandem die Beine zu binden. Knapp über den Hufen.

JOSEPHA *scharf* Gib acht, Rosa.

ROSALIE Ich gebe schon acht.

ANNA Möchte noch jemand Tee oder soll ich die Flasche zuschrauben?

ROSALIE Ich möchte nichts.

JOSEPHA Rosalie braucht nichts. Sie erfindet sich den Tee als zu sich genommen ohne den mühseligen Umweg über die Lippen.

ROSALIE Vor allem Huhn und Schinken. Ohne den mühseligen Umweg über Huhn und Schinken. Und Weißbrot. Ich hasse das Gerede vom Anbauen. Wogende Felder.

JOSEPHA Und die da drüben? Sollen sie eine Pflanzung errichten, vielleicht nach dem Muster von 1876? Äcker umgraben? Ein Dorf, eine Feuerstelle? Oder läßt du sie nur ihr Land abstecken und es verschwinden wie die wogenden Felder vom Januar? Ich gehe jetzt zum Tempel und nehme den Autobus.

ROSALIE Dieses Gerede!

Das Rauschen von Kleidern

ANNA *zögernd* Ich muß Josepha recht geben, Rosie.

ROSALIE Es sieht nach Flucht aus.

JOSEPHA Wo ist mein Schal? Und wer wird die Decken nehmen?

ROSALIE Das Zelt abpflocken und so fort? Eure vergessenen Teelöffel einsammeln, Zukker- und Salzdosen?

JOSEPHA Ich überlasse das deiner Erfindungsgabe. *Wütend* Deinem Feengeschenk. Unternimm eine Reise mit unserem Wagen, mach es dir lustig. Erfinde dir einen zweiten dazu, andere Maßverhältnisse, drei Viertel, das Anderthalbfache unserer Größe.

ROSALIE *kauend* Mm.

JOSEPHA Für deinen Samson passend.

ROSALIE Oder für Bergson und seine Mutter.

JOSEPHA Wie du möchtest.

ROSALIE Dein Kleid ist zerrissen.

JOSEPHA *wird von einem Hustenkrampf geschüttelt*

ROSALIE Soll ich dir einen Flicken darüber erfinden?

JOSEPHA *noch immer hustend* Nein.

ROSALIE Mir wäre danach.

JOSEPHA *erbittert* Das glaube ich. *Schon entfernt* Aber merke dir eins, Rosalie, mir ist alles lieber ohne deine Erfindungen. So wie es ist. Auch die Beulenpest.

ROSALIE Da geht sie.

ANNA Sie hat ihr Geld vergessen. Josepha!

ROSALIE Ich erfinde es ihr in der Tasche.

ANNA Josepha!

ROSALIE Während wiederum du vergessen hast, sie zu begleiten. Ich möchte wissen, wie sie mit ihrem schleppenden Kleid in den Autobus steigt, von Helfern umringt. *Josepha nachahmend* Vielen Dank, herzlichen Dank, es wäre aber nicht nötig gewesen, Herr Clermont, fahren Sie auch die Strecke?

ANNA Es könnte schon sein. Dieser Clermont aus der Buchhandlung geht gegen Abend manchmal in den Tempel. Zurück nimmt er den Autobus.

ROSALIE Es wird ihr nicht angenehm sein, wenn er den Riß im Kleid sieht.

ANNA Er wird ihr helfen.

ROSALIE DIE UNORDENTLICHEN SCHWESTERN,

wird er denken. WEIT IST ES MIT DENEN GEKOMMEN.

ANNA Das wird er nicht denken.

ROSALIE FAHREN SCHON MIT ZERFETZTEN RÖKKEN DEN WÜSTENSAUM ENTLANG, DIESE ZWERGTRAPPEN. WENN ICH DENKE, WAS DIE FÜR EHRENWERTE GROSSVÄTER HATTEN.

ANNA Das weiß er nicht.

ROSALIE Aber er denkt es. UND SELBST WENN AN DEN GROSSVÄTERN NOCH EINIGES AUSZUSETZEN WAR, SO WAREN DOCH DIE GROSSONKEL ERSTKLASSIG. JAKOB ZUM BEISPIEL, AUS DER AUVERGNE, UND EDUARD AUS DEM HESSISCHEN, VON SALOMON ABGESEHEN, DER DIE PFEIFE LINKS RAUCHTE, MIT DER LOMBARDISCHEN VERWANDTSCHAFT UND DEN KÖNIGSGESCHLECHTERN IM HINTERGRUND. MAN SOLL DEN ERDTEIL NICHT WECHSELN, ES GEHT AN DEN GROSSNICHTEN AUS. WAS KÖNNTEN DIE ZU HAUSE AN DEN BLÜHENDEN FLÜSSEN ALLES TREIBEN? UND HIER? STOPFEN SIE HAFER IN DIE SCHUHE. ODER BETTFEDERN.

ANNA Hafer und Bettfedern sind das beste während der Regenzeit, wie soll man seine Schuhe sonst trocknen? Und seit wann ist es mit uns so weit gekommen, seit wann können wir die Morgenzeitung nicht mehr halten und in die Schuhe stopfen, sobald sie feucht sind? Seit wann lungern wir nur noch an Mauern herum oder stehen an windigen Ecken und überlegen, welchen Wagen wir nehmen sollen, welchen Fahrer für welche Landpartie, die wir uns rechtmäßig nicht mehr leisten können?

ROSALIE Ja, ja.

ANNA Ich bitte dich, hör auf zu erfinden, Rosie!

ROSALIE Jetzt fährt der Autobus. Und Herr Clermont sitzt wahrscheinlich neben Josepha.

ANNA Hör mir zu, Rosalie!

ROSALIE Zuhören, aufhören, ich werde dir neue Vokabeln erfinden.

ANNA *weinend* Nein, nein!

ROSALIE Dann nicht.

ANNA Wie schön es war, als wir noch unseren Stand auf der Handwerksmesse hatten. Wenn dann Josepha nach ihrer Tätigkeit uns unten am Zaun erwartete und wir das Lokal für den Abend besprachen. Wenn wir am Morgen die frisch eingetroffenen Waren sortierten.

ROSALIE Ich habe schon damals erfunden.

ANNA *unter Tränen* Was?

ROSALIE Da und dort eine bessere Anordnung für die Ringe, einen Kunden , der nicht stahl.

Oder nur einen Stein mehr vor meine Füße, eine Bude mit Wollhausschuhen, vor der sie sich sammelten.

ANNA War das nötig, Rosa?

ROSALIE So war unser Stand immer gegen die Sonne geschützt. Josepha merkte nichts, sie wartete draußen. Und unsere kleine Anna hat auch nichts gemerkt.

ANNA Ich hätte lieber die Sonne ertragen.

ROSALIE Ich ertrage nichts lieber. Mit Absicht. Nur weil mich Josepha zornig machte mit ihrem Gerede aus dem Botschafterviertel – essen leiser, sprechen hübscher, wohnen gerne – erfand ich die päpstliche Botschaft.

ANNA *sich schneuzend* Es sind jetzt zwei. Man spricht schon darüber. Und weshalb hast du deinem Botschafter die chronische Verkühlung mitgegeben, die ihn ans Bett fesselt und tust jeden Tag, als hätte er sich von neuem verkühlt?

ROSALIE *kauend* Ungeschickt, er sollte sich aber von den anderen unterscheiden. Ich unterhalte mich auch gerne durchs offene Fenster mit ihm.

ANNA Ich verstehe dich noch immer nicht, Rosie. Weil Josepha großtat, weil die Sonne schien. Sind das deine Gründe?

ROSALIE Ja.

ANNA Genügen sie dir, um uns ins Unglück zu

jagen? Um uns den Ruf der Sonderlichkeit einzutragen? Was hält man von jemandem, der päpstliche Botschaften erfindet. Oder John Donne-Ausgaben, die nie herauskamen?

ROSALIE Wir werden es erfahren, liebe Anna.

ANNA Ich war immer auf deiner Seite, Rosalie.

ROSALIE Seit Josepha gegangen ist, bist du auf der deinen.

ANNA Du bist herzlos, Rosie. Was war das?

ROSALIE Die Giraffe hat wieder geschrien. Das ist jetzt zum dritten Mal. Noch ein Versuch, ihr die Beine zu binden, und ich löse die da drüben wieder auf.

ANNA Tu es, Rosie. Wie damals den Acker am Fischstrand, er paßte auch nicht, und du hast ihn wieder verschwinden lassen. Schon nach sieben Minuten.

ROSALIE Zu rasch.

ANNA Du hast uns angehört, hast auch unsere Gründe erkannt.

ROSALIE Ich muß diesmal vorsichtiger sein.

ANNA Besinn dich nicht zu spät. Laß die Giraffe, wenn sie dir lieb ist, aber nicht die andern. Nicht diesen Riesen mit seiner Hacke. *Erschrocken* Sie sind schon wieder näher gekommen, Rosalie. Du weißt es.

ROSALIE Wissen, wissen, wissen.

ANNA Dann siehst du es.

ROSALIE Das ist auch so eine Sache.

ANNA Sie werden uns bedrohen. Sie werden uns die Beine ebenso zu binden versuchen wie deiner Giraffe.

ROSALIE Ich lasse dann vielleicht Bergson kommen. Oder den mit dem Hut, der nicht aufhört, um die Ecke zu gehen. Einen Käfig, einen Erdnußberg.

ANNA Überschätze dich nicht.

ROSALIE Nein. Zur Not kann ich auch die zweite päpstliche Botschaft hin versetzen. Über das Ganze. *Ruft* Samson, aufhören! *Nach einem Augenblick* Ich habe ihm unrecht getan. Ich dachte, er wollte jetzt die Giraffe erschlagen, aber er will nur die Erde aufhacken. Das geht. *Nachdenklich* Ackerbauer und Viehzüchter.

ANNA *einfältig* Das wäre schon recht.

ROSALIE Unglaublich ist es. *Für sich* Mond, Mond – Butter, Butter – Schuster, Schuster – Reim, Reim.

ANNA Rosalie.

ROSALIE *rascher* Braut, Braut – Josef, Josef – grau, grau – *Atem holend* Eimer, Eimer – Strich, Strich –

ANNA Schluß, Schluß!

ROSALIE So kann man es auch nennen. *Erschöpft* Ich dachte, daß sich vielleicht ein Hauch zwischen die alten Namen schöbe und sie endlich zerfetzte. Aber selbst die

Gebilde aus Luft richten sich noch nach ihnen. Selbst mein Samson. *Spöttisch* Ich glaube, die beginnen jetzt Rüben zu setzen. Aber ich werde ihnen, sollten sie gedeihen, einen Vulkan erfinden, einen eigenen Aschenregen, der sie bedeckt und ihre Formen der Nachwelt erhält.

ANNA Wohin treibt es dich, Rosie? Wenn du alle deine Erfindungen Vulkanen auslieferst, wo sollen die Vulkane Platz finden? Wäre es dann nicht besser, sie verschwinden zu lassen, ehe sie zu sich kommen, ehe sie die luftige Substanz ganz verloren haben? Samson zuerst oder Bergson? Den päpstlichen Gesandten oder die Giraffe? Fang an, Rosalie, fang an, laß sie gehen! Es gibt einen päpstlichen Gesandten in unserer Stadt, wozu einen zweiten? Es gibt Seeleute, die irgendwo an Land gehen, übergenug, wozu Bergson? Es gibt Giraffen in diesem Land, wozu die deine mit dem kurzen Rücken? Falsche Maße, da hat Josepha recht. Von dem Erdnußschalenberg und den beiden Mädchen zu schweigen.

ROSALIE Das waren Versuche.

ANNA Und als solche haben wir sie angesehen. Aber du vervollkommnest dich täglich, du wirst immer besser, Rosie, und das ist gefährlich für uns alle. Dein Samson hat Figur.

ROSALIE *glücklich* Ja?

ANNA Muskelspiel, bessere Maße, etwas zu groß, aber sonst ist er vollkommen. Wenn der nicht mehr aus Luft ist, bringt er uns um. Mit seiner Rübenhacke, die dann auch nicht mehr aus Luft sein wird. Oder mit einer Angelschnur, einer englischen Büchse, einem Ochsenziemer. Was dir bis dahin einfällt.

ROSALIE Mir fällt nichts mehr für ihn ein.

ANNA Seine bloßen Hände genügen auch schon.

ROSALIE Du bist gut, Ännchen, du wirst auch immer besser. Mit den fortschreitenden halben Stunden oder wie nennt man es? Siehst du, wie erstaunt die Meinen da drüben über die auffliegenden Kraniche sind? Ich glaube, ich muß ihnen die Vogelwelt beibringen, die luftigen Streiche, den Orientierungssinn, die Hühnereier, die Eier an sich. Es könnte sonst sein, daß Samson eins an den Kopf bekommt und ihm das Dotter ungenützt über die Augen rinnt. Sie sind unwissend. Samson!

ANNA *vorsichtig* Er hört dich nicht.

ROSALIE Akabu, Tyalides, Midas, Gregorovius! Wie soll ich beginnen, Anna? Wie soll ich die Vogelwelt einleiten? KEIN WELTSCHMERZ, MEINE KLEINEN. Ist das richtig?

ANNA Ich liebe Vögel.

ROSALIE Aber wie weiter? SCHON KRONPRINZ RUDOLF SAGTE, DASS ER BEI KORNEUBURG KEINE MILANE ERLEGT HÄTTE UND ISAAK BABITT ERKLÄRTE IN YALE, DASS MAN SICH VON DER TRAUER ÜBER DAS GESCHÄFT DER BRUTPFLEGE NICHT HINREISSEN LASSEN DÜRFE.

ANNA Das ist nicht wahr, ich kannte Babitt. Das hat er nicht gesagt.

ROSALIE ICH BIN VERLOREN, HERR, SAGTE DER KIEBITZ IM MÄRCHEN. Ginge das? Oder soll ich es anders sagen? DIE MANGELNDE ZÄHMBARKEIT DES SCHLANGENSPERBERS BLEIBT FÜR IMMER DES JAGDHERRN UNWÜRDIG. So. Das ergibt ein allgemeineres Bild, das wird ihnen zusagen. WÄHREND WIEDERUM DIE STURMSEGLER – und gleich darauf SCHON BABITT SAGTE –

ANNA Laß Babitt fort. Fang mit den Vogelstimmen an. Es wird Samson besänftigen.

ROSALIE Siksak, Kiwitt, Bibi, Djaudjau.

ANNA Nicht so.

ROSALIE Düh dü düll düll lüllül, achachachach.

ANNA *sich begeisternd* Oder mit den Namen der Vogelkenner, wie sie einander zurufen, von einem Ende der Savanne zum anderen.

ROSALIE Jerdon, Adams, Azara, Temminck, sind Sie es, Marquis oder der gute von Heuglin? Babitt bliebe jedenfalls aus dem

Spiel. Huddlestone, Hume, Baldamus, Kalberstein – ich weiß, was du möchtest, Anna! Daß Samson seine Hacke hinwirft und von diesem Schlaflied eingesungen mit Hals und Hirn und Magen und auch mit allem andern zur Luft zurückkehrt, aus der er kam. Gib es zu!

ANNA Wenn ich genügend Stolz hätte, wäre ich längst im nächsten Autobus, im nächsten Tempel, unter dem nächsten Dornbusch, nicht neben dir.

ROSALIE Ich beginne auch anders. MEINE LEUTE, MEINE LANDLEUTE – *sanft* MEINE LANDSTRICHLEUTE! MEINE GRÖSSEN, MEINE ÜBERGEORDNETEN, MEINE KÖNIGE. ICH WILL EUCH DIE VOGELKUNDE LEHREN. WAS IHR EBEN SAHT, WAR NUR EIN KRANICHSCHWARM, ER ZOG NACH NORDEN, so recht, Ännchen? SO RECHT. ERWARTET ABER NICHT, DASS ES SO BLEIBT. DIE ÖLFARBIGEN EIER WERDEN EUCH AN DIE KÖPFE FLIEGEN, KAPPEN- UND KUTTENGEIER WERDEN DIE SONNE VERDUNKELN, DIE STURMMÖWEN WERDEN EUCH ZU SCHAFFEN MACHEN, DIE GRÜNSCHNABELALBATROSSE. FLUG, AUFENTHALT, WESEN, IHR WERDET NICHTS DAVON HABEN. STANDORT, VERWUNDERUNG, EINSICHT, EIN PAAR FEDERN ZUM SCHMUCK, EINIGE ZARTE

BISSEN UND ES IST DAHIN. BABITT, DIE LUMMEN, DER KLEINE KÖNIG OTTOKAR, DER IM SCHILF SCHREIT. UND SELBST WENN ICH DIE SCHUHSCHNÄBEL FORTLIESSE, DIE SIEBENTE UND DIE ZWÖLFTE ORDNUNG, ES WÄRE ZUVIEL, WAS VERSCHWÄNDE. WENN ICH GLÜCK HÄTTE UND HÖHERE HAKEN, ICH WÜRDE EUCH DIE VOGELWELT IN DEN SAND ZEICHNEN, ABER MEINE SCHWESTER JOSEPHA HAT MICH ZU STÄRKEREN SCHUHEN ÜBERREDET UND ANNA –

ANNA ROSALIE *schluchzend* Laß mich weg!

EINE ENTE KÄME IMMERHIN IN BETRACHT? VIELLEICHT EINE ELSTER. ABER SCHON DIE FLÜGELZEICHNUNG DER GRAUGANS SETZT FLACHEN ABSÄTZEN UND EINEM IN ERDE SICH WANDELNDEN SAND DIE GRÖSSTEN HEMMNISSE ENTGEGEN. DAS MÜSST IHR WISSEN, ES GEHÖRT HINEIN. *Aufatmend* UND DAMIT WILL ICH SCHLIESSEN.

Hörst du die Glocken? Bergsons Kindergarten ist zu Ende. Jetzt kommt wieder der Augenblick, wo sich die Baptisten wundern. Gegen sechs wundern sich dann die Unitarier, um neun die Bankangestellten und um drei Uhr früh die Militärbehörden. Es ist ein gewisses Gleichmaß darin, aber es ist nicht stetig.

ANNA Ach. *Eine Art zorniger Seufzer*

ROSALIE Aber ein so starkes Geläute, alles meinem Bergson zu Ehren.

ANNA Zufällig ist heute der Tag der Einigung unseres Mutterlandes, seines Sieges über die Bedränger am Tage des heiligen Norman.

ROSALIE Jetzt sind sie am Markt und füttern die Milane, hoffentlich hat ihn seine Mutter pünktlich geholt. Ich muß bald mit Cannes beginnen, sonst hat er keinen Ort, an dem er landen kann. Bergson wächst.

ANNA *zornig* Bergson wächst.

ROSALIE Und ich bin froh, daß ich ihm eine Mutter erfunden habe, die die Gedärme verfaulter Muränen nicht zum Lachen bringen. Sie hat einen Hang zur Unpünktlichkeit, aber sie wird gut für ihn sorgen. Vielleicht macht sie einen kleinen Friseursalon auf, später in Cannes. Und mein junger Maat kehrt bei ihr ein, aber sie schert ihn nicht glatt. Du weißt Mutter, ich will nicht sein wie die Rekrutierten. Gut, gut, gut! Leb wohl, Bergson.

ANNA Weinst du?

ROSALIE Nein.

ANNA Du hast gut für ihn gesorgt.

ROSALIE Vielleicht erfinde ich ihm noch einen Vater, wenn er vierzig wird.

ANNA Möchtest du noch ein Sandwich oder soll ich die Körbe schließen?

ROSALIE Ich weiß es nicht, Anna.

ANNA Es sind noch Äpfel und Sardinen da. Und ein Ei.

ROSALIE *erschöpft* Eier. Nein, nichts.

ANNA Schlaf nicht ein, Rosa. Was tue ich allein hier mit dem unabgebrochenen Zelt, mit den Körben? Ein Lachssandwich ist auch noch da, hörst du? Ich packe alles ein und wir machen zu Hause einen festlichen Abend mit dem restlichen Tee, ein Versöhnungsfest mit Josepha. Rosa, Rosalie! Reichst du mir die halbe Zitrone herüber? Sie liegt näher bei dir.

ROSALIE Mein Botschafter ist gestorben.

ANNA *nach kurzem Schweigen* Das tut mir leid, Rosie. Ich kannte ihn nicht, aber er war mir angenehm, vielleicht die angenehmste deiner Erfindungen.

ROSALIE Er saß zu lange am Fenster. Meine Schuld, das Haus war auch zu flüchtig gebaut. Ein zugiges Chalet. Und dazu vermutlich noch die Mißgunst des diplomatischen Corps, der toskanischen Kolonie, der spanischen Cliquen und so fort.

ANNA Das kann ich mir denken.

ROSALIE *ausbrechend* Ja, das könnt ihr euch denken. Soweit reicht es. Zweitausend röchelnde Speisefische, die denkt ihr euch leicht. Aber ein zweiter Botschafter mit einer leichten Verkühlung, schon undenkbar.

ANNA Du gerätst durcheinander. Es wird auch dunkel.

ROSALIE Es wird jämmerlich dunkel. Die Mutterländer machen sich bemerkbar. Und unsere Schwester Josepha. Sitzt zwischen ihren Strohwänden, frisch vom Automobil bei einer Tasse Tee und erfindet dagegen. Leuchtet gegen meinen Tag an. Ganz einfach. Ich bin neugierig, was ihr noch einfallen wird. Wahrscheinlich hat sie im Autobus zuviel über John Donne gesprochen mit diesem – wie heißt er? – Clermont. Unsere Schwester gewöhnt sich aber. Diese vorgesehene Adjutantengattin, diese Gesprächspartnerin, diese Partnerin seit immer, die sich nichts vorstellen kann, nichts, nichts, nichts! Der die Hühner Teile von Kinderversen sind und die Enten – ach was! *Ruhiger* Ich unterrichte jetzt weiter.

ANNA Bei diesem Licht?

ROSALIE Ich will es beim Namen nennen. Diese violetten Streifen, Schwangerschaftsstreifen, lila, ja ich weiß. ICH WILL EUCH ETWAS SAGEN, MEINE LIEBEN!

ANNA Samson krümmt sich. Was ist mit ihnen, Rosa?

ROSALIE Unterbrich mich nicht. ICH WILL EUCH ETWAS SAGEN. IHR WERDET NICHT GEBRAUCHT WERDEN. UND DAS IST WAHR.

ANNA Frage ihn, ob es vielleicht der Blinddarm ist.

ROSALIE IST ES DER BLINDDARM, SAMSON?

ANNA Was sagt er?

ROSALIE Nichts.

ANNA Hörst du?

ROSALIE Wie der Omnibus landeinwärts rattert?

ANNA Sie haben ihn der dritten Reiterschwadron abgekauft, seit sie sich im März wieder zu den Mauleseln bekehrte.

ROSALIE Ich weiß. Zum zweiten Mal übrigens. Und ich weiß jetzt auch, was Josepha ist: ein Reiterstandbild. Vielleicht liegt sie im Bett. Ich meine, in ihrem, während Clermont in dem seinen liegt.

ANNA Rosie, er kommt wieder näher! Mit dem ganzen Gefolge hinter sich. Die Giraffe tut auch schon , als gehörte sie ihm. Und die lila Streifen sehen aus, als klebten sie an seinem Rücken. Schwerter, Stahlklingen, die er nie wieder los wird.

ROSALIE Mach ein Photo!

ANNA *weinend* Nie wieder.

ROSALIE *ruhig* Nicht schlecht. Sag es unserer Schwester. Sage ihr, sie lernte das

Handwerk. Und rasch. Sag es ihr auch rasch. Sage ihr, ich wäre nie auf die Idee gekommen, mit dem Wegschaffen zu beginnen. Aber es ist eine. Und dann sage ihr, sie soll die See wieder herschaffen.

ANNA Und die lila Streifen auf Samsons Rücken?

ROSALIE Kann sie lassen. Die sind gut.

ANNA Du schickst mich fort, Rosa.

ROSALIE Ich schicke dich in die Stadt.

ANNA Du läßt mich im Stich.

ROSALIE Lauf zu Josepha.

ANNA Und wenn ich sie nicht finde?

ROSALIE Dann erwarte sie. Aber rasch.

ANNA *schon entfernt* Der Tempel ist fort.

ROSALIE Nimm den Autobus.

ANNA Sollen wir Tee vorbereiten?

ROSALIE Nimm ihn, nimm ihn!

ANNA Ihr habt mich verlassen.

ROSALIE Ja, Anna. Nein, Anna.

ANNA *weiter entfernt* Rosalie!

ROSALIE Was?

ANNA Deine Giraffe kommt ins Traben.

ROSALIE Es gefällt mir, wenn du Witze machst, Ännchen.

ANNA Ja.

ROSALIE Beeil dich!

ANNA Ja.

ROSALIE Adieu.

ANNA Ja.

ROSALIE Sie wird noch gewinnen. Unsere Schwester Anna.

ANNA *starr* Ich bin ein Platz auf einem Grabstein, ich bin eine Wiege, eine Charlotte, eine nicht eingelassene Person. Ich werde nicht mehr als ich bin, und ich werde nicht ganz, was ich bin.

ROSALIE Komm nicht zu dir, Anna!

ANNA *ohne sich unterbrechen zu lassen, im Tonfall immer gleich* Aufmunternd, gutartig, eine Vorschlägerin von Ausflügen, Teeaufgießerin, Zeltfalterin, Hutabstäuberin, Rockschüttlerin, alte Freundin. Aber hier am Wüstenrand –

ROSALIE Ich weiß, was es heißt, sich vorzufinden. Ich kann dir abraten.

ANNA In einer Beleuchtung, die dem Wüstenrand nicht zusteht, an einer Küste ohne See, vor weggeschafften Tempelfassaden und nach einem Autobus unterwegs, der vielleicht schon gegangen ist, nehme ich mich doch besser aus als meine erleuchteten Schwestern.

ROSALIE Josepha soll die See wieder herschaffen!

ANNA Meine Her- und Wegschafferinnen. Die alles leichter erlernt haben als ich, das Markenkleben und den Walfischfang, mit weißen Hüten im Gischt unterwegs, begeistert, von den westlichen Sprachen angeregt, die ich nie verstand, in

Streitgespräche verwickelt, die mir nichts bedeuteten. Hier bin ich mehr, hier kann ich höflich sein, geneigt wie alle, die nicht mitkommen, hier bin ich Anna.

ROSALIE Anna, Anna!

ANNA Hier habe ich recht.

ROSALIE Lauf lieber!

ANNA Ja.

ROSALIE Und vergiß nicht, Josepha alles auszurichten.

ANNA Nein.

ROSALIE So ist es recht.

ANNA *verwirrt* So ist es recht? Ja, so ist es wirklich recht.

ROSALIE *scharf* Das sage ich dir, Anna.

ANNA Sollen wir dann wiederkommen, Josepha und ich? Oder sollen wir dich lieber daheim erwarten? Die Sellerie müßte heute noch gebacken werden, sie wird sonst dürr, was meinst du?

ROSALIE *einen Augenblick ratlos* Ja, was meine ich?

ANNA Wir werden es schon recht machen. Zuerst die See her.

ROSALIE Und dann die Sellerie. Genauso.

ANNA Dann laufe ich jetzt.

ROSALIE Als hätte ich eine Freundin verloren oder wie sagt man bei solchen Anlässen? Klirre nur nicht mit deinen violetten Schwertern, Samson. Laß mich nachdenken, laß mich nachdenken. *Pause* Tatsächlich, meine Giraffe trabt, meine junge Erfindung erfindet sich neu, ob ihr das zusteht? Wer sagt es mir? Bleib stehen, Samson, hör auf, dein Land immer nur nach vorne abzustecken. Wir haben noch einen Augenblick.

JOSEPHA *außer Atem* Kein Autobus mehr. Den ganzen Weg von der Stadt hier heraus auf meinen Füßen. Kannst du dir das vorstellen?

ROSALIE Ich kann mir deine Füße nicht vorstellen, Josepha.

JOSEPHA Und alles in diesem lächerlichen Halbdunkel.

ROSALIE Es ist dir etwas mißglückt, meine Schwester. Aber du warst nicht schlecht. In manchem sogar besser als ich.

JOSEPHA Wie bringe ich die See wieder her?

ROSALIE Anna ist mit der Bitte darum zu dir unterwegs. Aber wie? Daran dachten wir nicht. *Nach einer Pause* Wie hast du sie weggeschafft?

ROSALIE Ich sagte GEH! *Nachdenklich* Ich hatte gerade drei Tassen Tee getrunken, der Zorn trug mich.

ROSALIE Trägt er dich noch? Dann lauf nach Hause! Nimm ihm nichts ab, deinem Zorn, schone deine Füße, laß dich tragen! Trink deinen Tee zu Ende und sage KOMM WIEDER!

JOSEPHA Auf meinem Tisch lagen einige Ansichtskarten.

ROSALIE Die laß liegen.

JOSEPHA Und ich sage einfach KOMM WIEDER ?

ROSALIE Ja.

JOSEPHA *zweifelnd* Was da nicht alles wiederkommt?

ROSALIE Dein Zorn läßt nach, Josepha.

JOSEPHA Ich beeile mich schon. Auf dem Nachttisch brannte die Lampe.

ROSALIE Laß sie brennen.

JOSEPHA Wenn sie aber ausgegangen ist?

ROSALIE Laß sie aus.

JOSEPHA Und ich sage einfach –

ROSALIE *ruhig* Komm wieder.

JOSEPHA Wehe dir, wenn mehr wiederkommt, als da war. *Entfernt* Oder weniger.

ROSALIE Keine Angst.

JOSEPHA Wehe dir, Rosalie.

ROSALIE Wehe mir. Rosalie, das stimmt. Rosalie, soviel ist sicher.

JOSEPHA *weiter entfernt* Rosalie!

ROSALIE *ruft* Und wiederhole es! Wiederhole es. Nimm noch mehr Tee.

JOSEPHA Welche Sorte?

ROSALIE Welche hattest du?

JOSEPHA *sehr weit, wie ein Hilferuf* Aus Ceylon.

ROSALIE *ruft wieder* Also. Aus Ceylon. *Sie seufzt, dann leise, deutlich zu niemandem mehr* Und sei sicher. Sei sicher. Das haben sie gern. Das liegt jedem. Zieh den Kopf nicht ein, züchte dich hoch. Lange Finger, ein gerader Hals. Das sind die Ziele. Für die Finger weiß ich ein Rezept: Man zieht daran. Aber für den Hals? Da beginnt die Empfindsamkeit, wie sagt man? Die Duselei. Mir beginnt meine Mutterlandsprache abzugehen, ganz deutlich. Sogar die Ausdrücke, die man anstelle dessen sagt, was da ist. Aber so schnell? Komm gut heim, Josepha! Vergiß nicht, wie es heißt. KOMM WIEDER heißt es. KOMM WIEDER. Das mußt du sagen. Die Lampe, wie sie war, die Postkarten, wie sie waren, und dann Mut, Mut. Oder sollte ich meinen Schwestern einen Brief schreiben, zwei Briefe? Ja. Briefe. Briefe in Umschlägen. *Eifrig, als schriebe sie ihren ersten Brief* LIEBE ANNA! ICH HOFFE, DASS DU GUT NACH HAUSE GEKOMMEN BIST. Hoffe ich das? Ja, das hoffe ich. LIEBE ANNA. UND DASS DIR KEINE SCHLANGEN UNTERWEGS BEGEGNET SIND, KEIN AUFENTHALT. Nach kurzem Nachdenken DASS DU DEN AUTOBUS ERREICHT HAST. Was noch? DASS DU DICH DARIN NICHT UNTERHALTEN MUSSTEST, WEIL DU DICH UNGERN UNTERHÄLTST. DASS DU NICHT AUSGERUTSCHT BIST. ODER AUSGEGLITTEN, JA.

DASS DU AUCH DEM HERRN NICHT BEGEGNET BIST, DER – ICH HABE DEN NAMEN VERGESSEN – DER AUCH IMMER DORT FÄHRT, DIESELBE STRECKE. DER SICH GERN UNTERHÄLT. DASS DER TEMPEL BALD WIEDER STEHT. DIE FASSADE, DIE DU KENNST. UND DIE SEE MIT ALLEM, JOSEPHA IST SCHON UNTERWEGS. KOMM WIEDER HEISST ES. DEINE. So. Der ist gut. Und der andere? Den schreibe ich auch noch, alles schreibe ich noch, es sollte mir nicht schwerfallen. Wenn es mir auch schwerfiele. MEINE LIEBE JOSEPHA. Richtig? Richtig. Oder LIEBE JOSEPHA? Wie hieß es? Doch schwerer als ich dachte. MEINE LIEBE JOSEPHA. So hieß es nicht. LIEBE JOSEPHA. So hieß es, aber hieß es so? Ich frage mich zuviel, es ist gegen die Sitte. Es grenzt an Einmischung. Da fliegen sie schon wieder, die blauen Vögel, die Tischgespräche in den elysischen Feldern, diese Vokabeln in ihrer Eintracht, dieser Sparverein, der nicht aufgibt. Drei Sparvereine oder waren es mehr? Wie rasch einem die eigenen Schwestern davongehen können. *Wieder verändert, ruhig* LIEBE JOSEPHA. ICH HOFFE, DASS AUCH DU GUT NACH HAUSE GEKOMMEN BIST, DASS DIR DER GESTREIFTE HIMMEL

HINTER DIR NICHT AUFFIEL, DASS DEIN TEE NOCH DA WAR, DER AUS CEYLON. UND DIE KNALLBONBONS AUF DER KOMMODE, AUS DEINEM ZEHNTEN JAHR. AUS DEM MUTTERLAND. DIE DU NIE GEÖFFNET HAST. Das schon, das schreibe ich, das muß ich ihr sagen. DASS DEINE LAMPE AN ODER AUS WAR, DASS IHR ES NOCH GEMÜTLICH HATTET, DU UND ANNA. DASS DU SIE RICHTIG ANGETROFFEN HAST, MIT IHREN FREUNDLICHEN STRÄHNEN. UND DASS ES DIR GELINGT, DIE SEE WIEDER HERZUSCHAFFEN, JOSEPHA. Denn mein Samson kommt näher. Und Anna hat recht. Ohne die See neben sich sieht er nicht angenehm aus. Zu groß. *Sie schnalzt mit der Zunge* Mit diesen Streifen am Rücken, die du dir so hübsch gedacht hast. Alte Erinnerungen, vielleicht sollten sie zu Rotkohl werden. Aber sie sind Schwerter geworden. Violett war immer deine Lieblingsfarbe, ich lasse sie dir, ich schreibe das alles nicht. Nur die See, die See muß her, sie muß wieder her. Dann darf er näherkommen, mein Großer, dann darf er behalten, was er hat, den klirrenden Blödsinn, seine starken Schultern. KOMM WIEDER. KOMM WIEDER heißt es. DEINE SCHWESTER. DEINE SCHWESTER. Wenn es KOMM

WIEDER heißt. *Nach einer Pause* Aber ich denke doch.

ANNA UND JOSEPHA *Raumlos, als sagten sie ein Gedicht auf*
Wir werden recht behalten
Es wird wiederkommen.

ANNA Kehren.

JOSEPHA Kommen.

ANNA UND JOSEPHA Es wird wiederkommen: Die See mit allen Eiern, die darin verborgen lagen.

ANNA *schüchtern* Versteckt.

JOSEPHA Verborgen.

ANNA UND JOSEPHA Mit allen Eiern, die darin verborgen lagen,
den grünen und den hellen,
den ausgeblasenen, die oben schwimmen und den andern,
mit den eßbaren, den dünnwandigen,
den von Kurzschwanzaalen zertretenen,
mit den Tiefseeamseln –

ANNA Angeln.

ANNA UND JOSEPHA Mit den Tiefseeamseln, Angeln,
kurzatmig, länglich, tot oder lebendig.

JOSEPHA Reiche mir noch ein niederländisches Bisquit, Anna.

ANNA Mit den Schalen und Schalenstückchen.

JOSEPHA *kauend* Augenblick.

ANNA Soll ich die Ansichten aus dem Mutterland wegräumen?

JOSEPHA Nein.

ANNA Das Licht löschen?

JOSEPHA Laß es.

Im Freien

ROSALIE *gespannt* Das ist richtig.

Raumlos

ANNA Bist du jetzt fertig?
JOSEPHA Jetzt.
ANNA UND JOSEPHA Mit den Schalen und Schalenstückchen,
den länglichen Jungfrauen, Eisenblöcken.

Im Freien

ROSALIE Meine lieben Schwestern.

Raumlos

ANNA UND JOSEPHA Verzeichneten Meerespanthern,
Meeresjaguaren,
See- und Schirmständern, Ständchen.
JOSEPHA Lala.
ANNA Josepha!
ANNA UND JOSEPHA Meerespanthern, Meeresjaguaren.
Wenn wir sagen KEHRT WIEDER!
JOSEPHA KOMM –
ANNA Noch nicht.
ANNA UND JOSEPHA Wenn wir sagen –
ANNA *rasch* KOMMT WIEDER!
JOSEPHA KOMM heißt es!
ANNA Nein, warte noch Josepha!

JOSEPHA Wenn wir sagen –
Was ist denn, Anna?

ANNA Ich möchte noch ein Stück Teekuchen.

JOSEPHA Es sind nur Bisquits da, die niederländischen.

ANNA Dann gib mir eins *Kauend* Hart, trocken.

JOSEPHA Das klingt nicht nach dir.

ANNA Vertauscht, schon in der Wiege. Hast du noch Tee?

JOSEPHA Vertauscht, schon an den Sträuchern.

ANNA Das klingt nach dir, Josepha.

Im Freien

ROSALIE Das klingt nach dir. Wenn du auch bleibst und bist –

Raumlos

ANNA *schluchzend* Das klingt nach dir.

JOSEPHA Ernstlich, er ist zu Ende. Wir müssen zum Salz übergehen.

Im Freien

ROSALIE Unsere liebe Schwester. *Verzweifelt* Josepha, Josepha. Was habe ich getan? Eine Märzenpflanze, ein Einfall? Den Hechten zugeschlagen, den Blindschleichen, den achtlos gespannten Seilen. Mit einem

Namenstag, Rechten und Pflichten.
Rechten und Pflichten. Und Anna, die
nicht mehr werden sollte als ein rasches
Kirchenlied, eine Art Abschluß, ein
Segensgruß, eine Winterwolke und so
fort. Was bin ich denn? Einer von diesen
Erfindern, die sichs nicht genug sein
lassen, diesen Nesträubern, die Anna zu
Anna bringen, Josepha zu Josepha?

Raumlos

ANNA UND JOSEPHA Wir werden recht behalten.
Wir, die überflüssigen Botschafter,
Mitglieder einer künstlichen Navy,
ungebrannt, ungeschoren.
Wir, die Abholerinnen und Marktgänge-
rinnen,
unerheitert von den aufgeplatzten
Gedärmen
der niederen Arten,
wir, die unerheblichen Anbauten
an die Kindergärten der Sektierer,
Rosetten, Abteilungen, Mörtelstriche,
wir erretteten Kleinen, die im Schalenberg
das Ende suchten, aber keine Nüsse.

ANNA *erschrocken* Ach so!

ANNA UND JOSEPHA Wir Tempelfassaden aus Luft,
wir benannten und unbenannten
Gesprächspartner,

aufgelösten Autobushaltestellen,
unbefragten Teile der zweiten John
Donne-Ausgabe
und so fort. Wir erfundenen Schwestern –

ANNA Aufgefunden, aufgefunden! So heißt es
doch, Josepha? So war es doch? Als die
HERKULES anlegte, hatte man uns einen
Augenblick vergessen, aber man fand uns
dann, weinend hinter eine Kabinentür
geklemmt, zur Erleichterung aller. Onkel
Salomon war mit, wenn er auch wieder
zurückfuhr, er nahm uns auf die Arme,
während unsere Eltern vorauseilten,
unsere Mutter mit dem Hutschleier, über
den heißen Sand, auf der Suche
nach einem Wagen. So war es doch,
Josepha?

JOSEPHA So war es nicht.

ANNA Aber wie denn, wie war es? Fuhr das
Boot? Hieß es Herkules? Ging jemand
verloren und wurde wieder gefunden?
Und wer? Das müßte man doch wissen.
Darauf käme es doch an.

JOSEPHA *murmelnd* Autobushaltestellen,
unbefragten Teile der zweiten John
Donne-Ausgabe –

ANNA *ungeduldig* Und so fort.

JOSEPHA Jetzt habe ich den Faden verloren.

ANNA Wir erfundenen Schwestern.

JOSEPHA Wir erfundenen Schwestern,

wenn wir sagen –
Sagen – sagen,
wenn wir sagen –

Im Freien

ROSALIE Warte noch, Samson!

Raumlos

JOSEPHA Kannst du mir helfen, Anna?
ANNA Daß du sagst, ich hätte vor dir gesagt, was ich nicht sagen wollte?

Im Freien

ROSALIE Es ist gleich soweit. Laß noch den Streifen Sand zwischen uns beiden. Ich müßte sagen: Zwischen uns vielen. Denn dein Volk hat zugenommen. Kannst du GANS deklinieren oder WALDHUHN? GÄNSERICH? Dann versuche es einmal. Nur die – sagen wir die dritten Fälle. Ehrlich. Was sind drei Vögel? Ich könnte es dir viel schwerer machen.

Raumlos

JOSEPHA Ich habe vergessen, wie es heißt, aber du weißt es, Anna.

ANNA *ruhig* Ich versuche mich zu besinnen.

JOSEPHA Sollen wir es noch einmal hersagen?

ANNA *erbittert* Noch einmal, ohne daß ich erfahre, wer zuerst da war. Wer die Geschichte von Onkel Salomon erfand? Dem ungewohnten Sand, den vorauseilenden Eltern, der Glut? Oder wer sie nacherzählte und wonach. Lesebücher sind gute Quellen, aber es gibt zuviele. Erinnerst du dich, unser Onkel Jakob hatte eine Sammlung älterer Lesebücher, geordnet, numeriert. Aber er wurde wahrscheinlich nie geboren. Was fängt man mit solchen Lesebüchern an?

JOSEPHA Hör zu, Anna.

ANNA Und ich wüßte auch gern die Nummer der Kabinentür, die schon während der Reise klemmte und hinter der wir verborgen waren, überhaupt diese Ankunft. Das Schiff war weitläufig, ich weiß, das willst du sagen. Schon während der Überfahrt verirrten sich unsere Eltern oft. Ich erinnere mich, das wurde uns gesagt. Und es sei möglich, daß wir hinter einer falschen Kabinentür versteckt gewesen wären. 619 etwa statt 693. Aber ich wüßte doch gerne die Nummer, Josepha, auch wenn es zwei oder noch mehr Nummern waren. Ich habe diesen Hang zur Genauigkeit. *Als Josepha nicht antwortet* Die Überfahrt war ruhig, nicht wahr? Nur in der fünften Nacht begann es zu regnen, und es regnete die ganze Nacht. Ausgenommen von drei bis vier.

JOSEPHA *ungeduldig* Ja, ja.

ANNA Unsere Mutter nahm Kölnischwasser, verdünnt, und ging zum Schiffsfriseur.

JOSEPHA Ich kenne dich nicht wieder.

Im Freien

ROSALIE Es ist gleich soweit, Samson. Die Gans hast du schon und richtig. Jetzt das Waldhuhn. Nein, nicht den Gänserich, das Waldhuhn lag dazwischen. Und laß deine Giraffe in Ruhe, sie sieht dir schon ähnlich genug. Du mußt dich vorsichtiger bewegen mit diesen Schwertern am Rücken.

Raumlos

JOSEPHA Wenn du aber weißt, was du nie erfahren wirst, Anna, außer vielleicht die Nummer der Kabinentüren, wäre es dann nicht besser, wir begännen noch einmal, damit wir wieder hineinkommen?

Im Freien

ROSALIE Gut, Samson, jetzt noch das schwerste

Stück. Die Gänseriche, Mehrzahl, dritter Fall!

Raumlos

JOSEPHA Vom Ende ab. Es genügt.
ANNA *ruhig* Tempelfassaden aus Luft.
JOSEPHA *eifrig* Wir benannten und unbenannten Gesprächspartner,
aufgelösten Autobushaltestellen.
ANNA UND JOSEPHA Unbefragten Teile einer zweiten John Donne-Ausgabe
und so fort. Wir werden recht behalten,
wir erfundenen Schwestern –
JOSEPHA Wenn wir sagen –
ANNA KOMM WIEDER.
JOSEPHA KOMM WIEDER. So hieß es. So heißt es, Anna.
ANNA Wenn wir sagen
ANNA UND JOSEPHA KOMM WIEDER!

Im Freien, Brausen

ROSALIE Wie? Ich verstehe dich jetzt nicht. Nein, falsch, falsch. Aber du mußt den dritten Fall nicht mehr finden. Keinen Gänserichen. Die See ist zurückgekommen. Und meine Schwestern, meine Schwestern –
Das Klirren von Samsons Schwertern
Sie sind fort, Samson.

In diesem Hörspiel entstehen drei immer wieder von kurzen Zwischenrufen unterbrochene, auch sich selbst unterbrechende, oft hilflose, stammelnde Monologe. Dem Missionar helfen, soweit ich es sehe, noch Erinnerungen, die er ernst nimmt, an die er auch glaubt, dem Matrosen der St. Quentin hilft seine Munterkeit, aber dem Matrosen aus Frisco hilft nur mehr wenig, er ist nicht mehr imstande, eine verhältnismäßig einfache Sache zu berichten: daß sich auf See eine Flagge eindrehte und wieder ausgedreht wurde. Es ist im Gegenteil so: je öfter er ansetzt und je näher er dem Ereignis, das er beschreiben will, kommt, desto mehr Zweifel stellen sich ihm ein, an dem Ereignis, dessen Zeuge er offensichtlich war, an seinem Bericht oder an dem Bezug zwischen Bericht und Ereignis.

Was bisher niemand bezweifelte, nämlich, daß man von etwas, das stattfand, berichten kann, wird für ihn aufs Äußerste zweifelhaft, ja es erscheint fast, als ob der Bericht das Ereignis lösche, die Sprache als Mittel der Mitteilung entzieht sich ihm. Er sucht nach Erinnerungsstützen, nach Mitzeugen, aber sie stellen sich nicht wirklich ein: Sie bleiben am Rand der Sache, drehen sich um sich selbst und bezeugen ihm nichts. Weder die oft betulichen Versuche des Missionars, die alten chronologischen Praktiken wiederherzustellen, noch die Unbekümmertheit des anderen Matrosen, der sie außer acht läßt, der von Punkt zu Punkt springt und sich erfindet, was er nicht findet, können ihm helfen, auch nicht die oft anfeuernden Zwischenrufe aus der Runde, die ihn umgibt.

Und nicht nur für ihn, auch für den Leser, Hörer oder Autor seiner Geschichte ergeben sich Zweifel, nicht nur an der Wahrheit seiner Geschichte oder der Gabe, sie zu berichten, sondern deutlich auch an der Möglichkeit des Berichtens überhaupt. Ich habe gesagt: auch für den Autor – und bin damit bei der Zuständigkeit des Autors, bei der Berechtigung oder Verpflichtung, die er hat, sich zu einem solchen Dialog, man könnte sagen, zu einer solchen Stimmenverwirrung zu äußern. Er hat keins von beidem oder er hat beides, aber dann in demselben Maß, in dem auch ein genauer Hörer oder Leser es hat. Seine Figuren haben bei ihm flüchtig Heimatrecht, aber er hat keines bei ihnen. Er kann sie

einlassen, aber er muß sie gehen lassen, er
kann keine Fragen an sie stellen,
jedenfalls keine mehr als die, die sie sich
selber stellen, beantworten oder nicht
beantworten.

Auckland

Personen

VAU

WE

MATROSE AUS FRISCO

MATROSE DER ST. QUENTIN

MISSIONAR

KIND

FRAU

JOSÉ

Die nicht durch Personen
am linken Rand bezeichneten
Teile des Textes
sind Zwischenrufe,
sofern sie einzeilig sind.
Sie werden von Vau und We
abwechselnd gesprochen.

Die aus Frisco vor
Frisco
Gelächter
Die aus Frisco vor
Keiner hier
Beschwert euch doch
Wenn wirklich keiner aus Frisco ist dann
bin ich es
Dann ist es er
Und woher bist du
Aus Frisco
Lassen
Seid froh daß einer es tut
Surfing
Heißt Wellenreiten
Der aus Frisco hat es gut
Surfing heißt nichts
Freiwillig
Was
Ich bin lieber aus Rhodos
flüsternd Er ist lieber aus Rhodos
Händeklatschen Also *lauter* Also
Varus schickte einen Legaten zu Euripi-
des damit er ihn lehre *stockend* damit er
ihn lehre
Ich bin ein Friseur Ausgebildeter
Friseur
Soll er voran
Voraus
Der Friseur soll voraus

Friseure her
Wo ist der aus Frisco
Meldet sich nicht mehr
Er stand vorhin neben mir erzählte mir
etwas von irischen Fratres einer eingerollten Flagge
Ein kleiner schäbiger
Das war er
Ein kleiner schäbiger nichtsnutziger
Vielleicht ein Ire
Aus Frisco
Gelächter
Ein Ire aus Frisco
Still halten
Von einer aufgerollten Flagge
Nicht schlecht
Ja weshalb soll er nicht von einer
aufgerollten Flagge erzählen

M. AUS FRISCO Eingerollten Da stand ein Matrose auf
einem Küchenstuhl
als hielte er sich die Ohren zu Nicht
Was war mit dem Franzosen

M. AUS FRISCO Er stand auf einem Stuhl er stand ich bin
jetzt heraus dunkelhäutig glaube ich ja
dunkelhäutig
War er älter

M. AUS FRISCO Dunkelhäutig
von weiter weg Worauf stand er

M. AUS FRISCO Auf einem Küchenstuhl

FRAU Zu heiß

José
Der Dame ist es zu heiß

JOSÉ So richtig

FRAU Danke

MISSIONAR Ich bitte um Ruhe
Wer ist denn der

MISSIONAR Ich komme aus den Missionen Ich
möchte etwas Ordnung
Etwas Ordnung
Nicht nötig Wo ist der aus Frisco
Ja wo ist der hin

MISSIONAR Ich bin es nicht ich meine ich bin nicht
aus Frisco ich kam dorthin Zuletzt Und
wenn einer von uns seinen Mitbrüdern
etwas erzählen wollte begann er beim
Anfang der Reise
Richtig *Beifallklatschen* Richtig

MISSIONAR *weniger sicher* Beim Entschluß und dem
was ihn hervorbrachte

M. AUS FRISCO Mein Matrose war in Ordnung

FRAU Noch immer zu heiß José

JOSÉ Gut so

FRAU Besser

JOSÉ Rufen Sie nur immer

M. AUS FRISCO Er wollte nur die Flagge aufwickeln

MISSIONAR So kommen wir nicht voran

M. AUS FRISCO Es wehte stark aber er stand fest Ich höre
das Tuch noch knattern Schäbiges
Fahnentuch Einer hielt den Stuhl bei der
Lehne

MISSIONAR Wenn meine Mitbrüder nachmittags im Hof etwas zum besten gaben hörte sich das anders an Auch in den Abendstunden Beim Anhören erfüllte sich der Tag Friede kehrte ein Aus Frisco ist keiner mehr Ich Und weshalb sagst du nichts Ich mische mich nicht gern in eure Fragen Hört ihr das

M. DER ST. QUENTIN *munter* Da kam ich unlängst von Bord auf zwei Brettern Fallreep heißt es Soviel sind wir ihm wert Wieder ein Neuer Mir scheint es als wären zuviele Seeleute hier

M. DER ST. QUENTIN Ich wollte baden aber der Ozean war zu kalt Ich ließ das Baden und ging um Weihnachtsschmuck Zuerst verirrte ich mich in der Abteilung für Kannen und Blechgefäße aber dann hatte ichs endlich Ganz schön Es war rot und knallte Ich versuchte es ein paar Mal dann hing ichs mir um den Hals Und dann wieder auf See Geburtstag hatte ich auch Welcher ist denn das der jetzt redet Wie du heißt

M. DER ST. QUENTIN *verneinend* Mm Lassen Keine Gewalt

kichernd Kannen und Blechgefäße Für Kannen und Blechgefäße
Sag wie du heißt
Schweigen
Genügt schon
Er muß nichts sagen
Wie ich heiße Mit dem Namen den ich mir damals selber gab Beim Georgiritt auf dem russischen Hügel

VAU
Als du Liftführer im Kaufhaus warst einen Tag ehe sie dich wegen Taschendiebstahls feuerten

M. AUS FRISCO
Mein Matrose brachte das Tuch nicht vom Stock Wenn ihr wißt was ich meine Er brachte das Fahnentuch nicht um den Fahnenstock Der eine hielt die Stuhllehne und der andere stand auf dem Stuhl Das war alles an Heck Der eine war stärker als der andere

FRAU
José
Schweigen

FRAU
Immer noch nicht fertig

JOSÉ
Noch eine Minute

M. AUS FRISCO
Der Himmel war bewegt das muß man dazurechnen Die Passagiere lagen vorn in Deckstühlen und weinten die Passagierinnen auch
Jemand aus Friso dabei
Ich schlage vor Gentlemen
Ladies

MISSIONAR Ich war zu Lande unterwegs *Nach kurzem Zögern* Wir hatten schließlich auch unsere Erlebnisse *gähnend* Curare Euripides

MISSIONAR Ja Und ähnliches Wenn einer aber keine hatte war es nicht das Schlimmste Bis zu einem gewissen Satz konnte er sich die der anderen zulegen Das ist ein guter Satz

MISSIONAR Unsere Missionen waren reich genug In den Gärten lagen Iren und Schotten wild verstreut Viele von ihnen hatten noch nicht einmal zum Besten gegeben was man dazuzählen konnte Gemeinhin Die gute spanische Luft Unser Himmel

M. DER ST. QUENTIN Geburtstag hatte ich auch aber es half nichts Ist das jetzt wieder der andere

M. DER ST. QUENTIN Ich mußte zurück Wieder über das Fallreep Gerade noch Der Christbaumschmuck zerstreute mich neun gute Tage lang dann wars zu Ende Er zerfledderte um meinen Hals fiel mir in den Rücken auf Deck überallhin Man konnte ihn nicht mehr lassen Aber er ging mir nach Mein Geburtstag ging mir nach Unnütz verbracht Einige Fetzen Krepp als Reste nach neun Tagen am linken Unterarm Ich ließ sie kleben strich sogar Leim dar-

über Die Luftfeuchtigkeit war auch
hoch
Klebte es

M. DER ST. QUENTIN Nein

MISSIONAR Weil vorhin jemand von Curare und
Euripides sprach
Kein Mensch sprach von Curare und
Euripides

MISSIONAR *hilflos* Einer unserer Mitbrüder hieß so
ein Junger Wir benutzten alle Decknamen
tatsächlich half das dem Gespräch Ließ es
aufleben wenn es zu versanden drohte
Wie alt ist der der jetzt redet
Noch keine achtzig
Gelächter
Ein Lämmchen
Und es half dem Gespräch Tatsächlich
Half half Half dort

FRAU José ich habe jetzt genug José

JOSÉ Hier bin ich

FRAU Es ist jetzt genug

JOSÉ *bedauernd* Noch nicht ganz

M. AUS FRISCO *matt* Dem Matrosen krachten die Ge-
lenke als er die Flagge aufrollen wollte
Ambros war auch an Bord aber es half
nichts
Welcher Ambros

M. AUS FRISCO Irgendeiner Ein Ambros Josaphat mei-
netwegen
Er half nichts

M. AUS FRISCO Er war auch nicht dazu befohlen Nur die beiden Der den Küchenstuhl hielt und der daraufstand
Und du

M. AUS FRISCO Ich war müde *Aufflackernd* Das war ein Tag wollte kein Ende nehmen Die beiden gingen nicht mühten sich unablässig Zuletzt mit einem Haken Nein mit zwei Haken Der konnte genug kriegen der das mitansah
Bekamst du genug

M. AUS FRISCO Ich hatte dienstfrei
Daraus kann ihm keiner einen Vorwurf machen
Ich wüßte jetzt gerne ob die Flagge endlich
Schluß Punktum
unsicher Oder nicht Das wüßte ich gerne Ob der mit dem Haken die Flagge zu fassen kriegte
Schweigen

MISSIONAR Das war bei uns anders Wer an der Reihe war sprach und die andern durften Fragen stellen Wer gefragt war antwortete so gut es ging aber immer Jeder von uns hatte Anspruch darauf Man wurde in den Missionen über die Gefahren unterrichtet Über die Fallen die unsereinem gestellt werden können

M. AUS FRISCO Jetzt weiß ichs Er bekam sie herum Mit

einem Enterhaken jemand erzählte es
Gelang es also

M. AUS FRISCO *ausweichend* Jemand erzählte es

M. DER ST. QUENTIN Mein Geburtstag war anders
Laß ihn zu Ende reden

M. DER ST. QUENTIN Ich hatte immer im Dezember Geburtstag

M. AUS FRISCO Es kann auch sein daß ich es erzählte Daß ich auf den Brettern saß und sagte Sie bekamen sie herum Genau Die Flagge wehte sie knatterte sogar Daß i c h es erzählte Daß ich es e r z ä h l t e
Wehte sie
Eben

FRAU José

JOSÉ Ja

FRAU Zu kühl

JOSÉ Das kann geändert werden
Dreimal Händeklatschen Als würde eins zwei drei gesagt
Was will der Kleine
An ein Ende kommen
Wir auch
Enterhaken Geburtstage was soll das Ganze
Es geht um die Flagge
Noch immer
Ist jemand hier aus Frisco

M. AUS FRISCO *grübelnd für sich* Ich erzählte es das ist wahr

Frisco Frisco Ist das die große Sache mit
diesem Ich glaube da bin ich her
Und machst den Mund jetzt erst auf Mit
Frisco hat es begonnen
mürrisch Ich weiß
von weiter weg Ist er ein Ire
Ire nicht
Ein Klotz

MISSIONAR *eifrig* Wenn bei uns gefragt wurde
wurden genaue Antworten verlangt
Zeiten Viertel Lokale Wie war das Bruder
Juniper als Sie die Pfeilspitze in die
Schulter bekamen Juni Da konnte die
Dämmerung noch nicht hereingebrochen
sein
ruhig Bravo
Und als man Sie in den Bach stieß
Wie kam es daß Ihr Schnürsenkel naß
wurde
Lachen

MISSIONAR *immer noch eifrig* Die Sonne stand im
Westen konnte aber um diese Zeit den
Bach noch bis zu den Bachsteinen hinab
erhellen
Gähnen
Und da sie ihn erhellen konnte
Wie kams daß sies nicht tat

MISSIONAR *darüber hinweg* Bezüge der Zusammen-
halt Feuerwerke durfte es geben aber inner-
halb Ouverture Dorée der Friede die Fest-

lichkeit Daß der Ring sich schloß daß jeder
nachkam Daß die Zeiten die bei uns zum
Abend bestimmt sind sich täglich erfüllten
Ich hätte mich längst gemeldet wenn ich
gewußt hätte daß ihr mit Frisco das Ding
meint das mit dem großen
mit Verachtung Du
Konnte es ja nicht wissen

M. DER ST. QUENTIN Wenn ich an das Lokal mit den
Blechwaren denke als ich mich da verirrte
Beinahe hätte ich Reißaus genommen
lacht Wäre beinahe woanders gelandet

MISSIONAR Ich bin für Ordnung
Abstimmen
Schweigen
Das dachte ich
Alle sind für Ordnung
zornig Der aus den Missionen hat damit
begonnen Und jetzt soll kein Ende mehr
sein

KIND Ich möchte wellenreiten
Das ist ein Anfang Die Kleine
War das ein Mädchen
Sie möchte wellenreiten

KIND Surfing
Es ist ein Mädchen
Laßt sie Soll wellenreiten wenn sie
möchte
Ich bin dagegen Gott weiß was sich da
unten alles herumtreibt

Sie soll hierbleiben
Ja

FRAU José

JOSÉ Noch nicht

FRAU Nicht endlich
Wem gehört die Kleine

M. DER ST. QUENTIN Ein Christbaumengel den ich mit an Bord
nahm sie ist rasch gewachsen Baumelte
zuerst eine ganze Weile an meinem Hals

MISSIONAR Das Kind wäre in unseren Gärten besser
aufgehoben
Das ist wahr Achtzehnhundertdreiund-
fünfzig war auch sonst besser
Stabiler

KIND Ich möchte gerne
Hör jetzt auf mit dem was du möchtest

M. AUS FRISCO Enterhaken Flaggen Küchenstühle Ich
war dabei Ja ich war sicher dabei Ich sah
wovon ich sprach
Schläft er

M. AUS FRISCO Hinter mir drei oder vier Leute auf
Deckstühlen Einer sagte Ich verdanke
Thackeray viel *Zu sich selbst beschwörend*
Ja ja ich war dabei ich muß dabei
gewesen sein *Nach einer Pause ruhiger*
Ich habe es erzählt dafür sind Zeugen da
Der blinde Koch John Flick Betty Ich
habe es weiter erzählt *Wieder unruhig*
Aber daß ich oben war daß ich dabei war
daß ich es sah und hörte Wenn ich es sah

und hörte Die beiden Flaggenaufwickler
beachteten mich nicht hatten zu tun
daran liegt es Wenn ich den mit
Thackeray wiederfände Vielleicht hier
Schweigen Keiner hier der Thackeray
etwas verdankt Eine Geringfügigkeit es
muß nicht viel sein So einer sagt dann
gerne Ich verdanke Thackeray viel
Schweigen Oder habe ich nichts gehört
Saß keiner hinter mir standen keine
Deckstühle dort gestreift die blauweißen
Entschlossen Nicht Wie rasch einem die
Zeugen verlorengehen Eben hatte man sie
noch todsicher brauchte sich nur umzu-
drehen und sie anzufassen Ich verdanke
Thackeray viel Der war da ich beschwöre
es Am Kücheneingang ahmte ich ihn nach
Betty lachte Thackeray Ein solcher Name
Wenn ich den je aussprach muß er vorher
genannt worden sein Oder nicht *Ruhig*
Man muß sich abfinden Thackeray
Ist das nicht ein Gericht an Bord Die
Lieblingsmahlzeit von irgend jemandem
Krebsbrühe oder Birne in Eis Genauer
wird es nicht
Ein Geburtstagsessen

KIND — Tha-cke-ray *Bei jeder Silbe Händeklatschen*

M. AUS FRISCO — Ich weiß daß sie um die Flagge
auszudrehen zwei Enterhaken nahmen

Sagte ich das nicht schon Sie war zu verwickelt vielleicht vierzehnmal eingedreht um wenig zu sagen
Ja
Was sagt der
Er hat ihm zugestimmt
Das verstehe ich nicht

M. AUS FRISCO Oder fünfzehn

FRAU José

JOSÉ Ja

FRAU Mein Haar riecht schon versengt

JOSÉ Sie täuschen sich

FRAU Nein Nein
Die Folgen lassen sich an allen fünf Fingern abzählen
Wer sagt das
Hier neben mir
Ein Einarmiger
Schweigen

VAU In Irland ist alles ganz anders *eifrig* Da ist vielleicht etwas Richtiges daran Das ist vielleicht sogar wahr Wer allein an die Esel denkt Auch sonst *Nach einer Pause* Ich bin aus Frisco Ein Friseur aus Frisco Friseurgeselle aber bald soweit Der Weg in die Stadt ist auch lang Später mache ich mir einen eigenen Laden auf
Das muß ein Ire sein
Aus Frisco

MISSIONAR In unseren Missionen wurde nach

alledem nicht gefragt
Ich will ihn sehen
Hebt einer die Kleine hoch

KIND Welcher ist es
verlegen Ich
Ich wars

MISSIONAR Bei uns fanden alle Einlaß Gleichgültig
woher sie kamen Und weshalb

M. AUS FRISCO Ich verdanke Thackeray viel Thackeray
sagte der andere Darauf der dritte Ja so
war es Dazwischen bekam der auf dem
Küchenstuhl mit dem Haken die Flagge
zu fassen Das Tuch riß ein
Das schöne Flaggentuch
Lachen
Hatte man dafür nicht Webereien an Bord

M. DER ST. QUENTIN Bei uns gabs einmal eine Darinnen eine
kleine Rothaarige Sie hatte nichts zu tun
wurde dann in die Bücherei versetzt ging
später über Bord An meinem Geburtstag
habe ich sie besucht *Nach kurzem*
Nachdenken Der Christbaumschmuck
gefiel ihr aber sie wollte nichts davon
Wunderte mich damals schon Wir hatten
Marmor geladen Nein keinen echten
Unsere Flagge riß auch nicht ein

M. AUS FRISCO Sie riß bei uns

M. DER ST. QUENTIN Das tut mir leid für euch

M. AUS FRISCO Man kann jeden Funken Mitleid brauchen

MISSIONAR Bei uns sah man vom Mitleid ab Man gab

sich nicht nur heiter man war es ernährte
die Neuankömmlinge pflegte ihre Wunden
ließ sie erzählen auch oft lange erzählen
Das tat seine Wirkung Und der stille
Garten Da konnte es ringsum drohen wie
es wollte unsere alten Eiben taten das ihre
Was auch immer einer vorher gesehen oder
gehört hatte bekam hier seinen Abstand

M. AUS FRISCO Der Wind zerriß das Tuch glaube ich
Nicht der Enterhaken

MISSIONAR *etwas hilflos* Man ließ sich nicht in sich
selbst hineinreißen gab sich nicht nach
Die Schotten waren da gut Mit wenigen
Ausnahmen
Ja
Wie

MISSIONAR Mit den Ausnahmen die es überall gibt
Prozentual Bruchteile
Teilchen

MISSIONAR Ich sagte Die Schotten waren gut Oft
beispielgebend Als sich der Junge aus
St. Quentin erhängt hatte zum Beispiel In
seinem Schrank erhängt hatte Wir hatten
vier Vier Schotten Einer knüpfte ihn ab
Er verzog keine Miene Das wirkte
von weiter hinten Ich verstehe hier so
schlecht

MISSIONAR *lauter* Ich sagte daß die Schotten in
unserer kleinen Gemeinde gut waren
Ach so

MISSIONAR *ebenso laut* Ja oft beispielgebend Als sich zum Beispiel der
Ich verstehe jetzt schon

MISSIONAR Und als sich niemand fand der unsere verstimmte Orgel richten wollte wer war es der sich als erster damit abfand
von ganz nahe Wer
Ein Schotte
Was wollte er nicht richten
Eine Orgel
Wollte er richten
Wollte er nicht richten

FRAU José

JOSÉ Ja

FRAU Kann man nicht wenigstens auf kühler drehen

JOSÉ Gleich

FRAU Ich bitte Sie
Ist hier einer der sich auf Orgeln versteht

MISSIONAR *ärgerlich* Keine Reparaturen Er fand sich ab sagte ich Er fand sich ab Er sang dazu das war gerade dasjenige an den Schotten
Hier ist einer der sich auf Orgeln versteht
Schiffsorgeln Stört das

M. AUS FRISCO *nachdenklich* Schiffsorgeln Schiffsorgeln Thackeray Enterhaken zwei Enterhaken Deckstühle drei Ein Küchenstuhl Ich verdanke Thackeray viel Thackeray Das Wort fiel zweimal
Ist das ein Wort

M. AUS FRISCO Es war so
MISSIONAR Wir sangen lieber zu den verstimmten
Instrumenten Gewährten Einlaß
ruhig Eure Flagge hatte sich vierzehnmal
eingedreht sagtest du Rund um den Stock
M. AUS FRISCO Ja
Vierzehn das schöne Morgen weil
dreizehn heute ist Und zwölf ist immer
gestern *sich steigernd* Elf ist die Drohung
zehn ist die Gewißheit neun
Laßt ihn
Ich habe da meine eigene Rechnung
Nachäffend Und der Stock drehte sich
ein sagtest du
Zwölf sagtest du
Nein vierzehn Vierzehnmal
M. AUS FRISCO *schwach* Die Flagge
Stock sagtest du
Er sagte Fahne
Thackeray
Wenn das ein Wort ist
Wenn es nicht Quincey war
War es nicht Quincey
M. AUS FRISCO *ruhig* Es war Thackeray
Zehn Zehn ist die Gewißheit
Und neun Ich wüßte gerne weiter
Neun ist die Todesangst Nicht eure
Du sagtest eure Flagge hätte sich vier-
zehnmal um den Stock gelegt
M. AUS FRISCO Ja vierzehn

Drei Deckstühle ein Küchenstuhl
Das läuft auf einen kleinen Bestand hin

M. AUS FRISCO *starr* So war es

WE Aber dein Matrose Als es gerissen war gelang es ihm das Tuch noch einmal zu fassen
Zwei Enterhaken

M. AUS FRISCO Ja
Gelang es ihm

KIND Was sagt der
Nichts

KIND Ich sehe hier nämlich so schlecht
Schon wieder niemand der die Kleine hochhebt
mürrisch Na siehst du mehr

KIND So viele

MISSIONAR Das Kind sollte hier weg
Wohin

WE Wir haben uns auch nicht weggerührt wenn es darauf ankam Und sind auch groß geworden
Soll wachsen
Wächst ohnehin Ich stelle dich jetzt wieder auf deine Beine

KIND Nur noch den einen
Welchen

KIND Mit der Kutte

MISSIONAR In unsere Gärten sollte sie

KIND Ja den

MISSIONAR Bei uns war ein junger Bruder der die

ganze Botanik kannte Pfefferbäume Essigbäume Libellen Was er auch sagte es war immer für kindliche Ohren Geboren um die Jahrhundertmitte
Hier ist die Rede von eingedrehten Flaggen Und Thackeray
War nur ein Hilfswort eine Erinnerungsstütze
Ein Zufall Weil es der eine zu dem andern sagte als der Junge auf dem Küchenstuhl die Flagge auszudrehen versuchte

M. AUS FRISCO *leise* Er war alt
Aber nicht hochgekommen wie Hatte
keine Charge

M. AUS FRISCO Nein
Na siehst du
Eine Erinnerungsstütze
Lachen

MISSIONAR Manche kamen auch zu uns um Milieustudien zu treiben ließen sich von Mauleseln von einer Mission zur andern tragen Oder von Zwergponys Willige Tiere um kleine Beträge verliehen Sie liefen allein zurück oder einer unserer jungen Brüder ritt sie heim Wir stärkten die Neuankömmlinge
Schon bekannt

MISSIONAR Ließen ihnen freie Hand in Haus und Garten bis sie wieder gingen Manche blieben auch Es waren andere Zeiten

Was sagtest du vorhin was Surfing hieß Wellenreiten
nachdenklich Es war etwas anderes Oder heißt etwas anderes
Hieß etwas anderes

FRAU José

JOSÉ Ja

FRAU Ich hätte gerne eine Zeitung
Wellenreiten Hieß nie etwas anderes Surfing

MISSIONAR Unbekannt in unseren Missionen
Es ist neuer Ehrlich Ich glaube es kam von der Goldküste Vor drei oder mehr Jahren
Mit Verachtung Von der Goldküste Das wurde bei uns erfunden

KIND Ich möchte gerne
Ach halt den Mund

MISSIONAR Kann denn nicht etwas zwei- oder dreimal erfunden werden An zwei oder drei Orten

M. AUS FRISCO Deckstühle gab es drei Küchenstuhl einen Besetzte Deckstühle Sonst noch genügend Es war kalt an Deck Die drei waren in Decken eingeschlagen Blauweiß Aber sie froren
wie vor Kälte zitternd Thackeray
Und vierzehn Vierzehnmal

MISSIONAR Friert es nicht unsereinen zuweilen ehe unser Globus wieder um eine Erfindung reicher wird

M. AUS FRISCO Ich habe nichts erfunden Nichts
ruhig Er erfindet nichts
M. AUS FRISCO Die Flagge hatte sich vierzehnmal um die Stange gelegt So war es
Punktum
FRAU José
Der ist essen gegangen
M. AUS FRISCO Ich sah zu als sie sich eindrehte
FRAU José
M. AUS FRISCO Ich weiß es
Vierzehnmal sahst du zu
M. AUS FRISCO *unsicher* Das mit der Vierzehn kam später heraus
Beim Ausdrehen
Varus schickte einen Legaten zu Euripides
Ach wo
Bruder Juniper mit der Pfeilspitze
gähnend Es klingt alles ganz vernünftig
M. DER ST. QUENTIN Wenn ich euch was erzählen soll
FRAU José
JOSÉ Sie wünschen
FRAU Ich will unterhalten werden
M. DER ST. QUENTIN Bei uns gings noch ganz anders zu Als ich mit dem Christbaumschmuck an Bord kam Geburtstag hatte ich auch
Stöhnen
M. DER ST. QUENTIN *immer fröhlicher* rannte mir die Bordkatze vor die Füße Ich darüber Halt sage ich aber da lag ich schon Der Schmuck klirrte

entfernt Von wieviel Booten ist hier die Rede
Von zweien
Danke

M. DER ST. QUENTIN Alle rannten zusammen Da stand ich schon wieder

M. AUS FRISCO Wir hatten keine Bordkatze

M. DER ST. QUENTIN Aber wir das unterscheidet uns Keine Gedanken an eingerollte Flaggen keine Küchenstühle Bei uns gings lustig zu Die Bordwebereien kamen aus der Mode Wir hatten eine Wir richteten uns auf das nächste Säkulum ein selbst als die Weberin über Bord ging Ich weiß nicht weshalb eigentlich Weshalb sie das tat Oder ob es von selber kam Es zerbrach sich auch keiner den Kopf darüber

MISSIONAR *eifrig* Das verbindet uns

M. DER ST. QUENTIN Sturzflut auf Deck vielleicht Aber was hatte sie da zu suchen Freie Fahrt voraus war unsere Devise Die hatten wir

MISSIONAR Ja das meine ich auch In unseren Gärten

M. DER ST. QUENTIN Darin konnte uns keiner unterbrechen Auch keine *Nach einem Augenblick*
Später übernahm sie ein Maat

MISSIONAR Bei uns war es ganz ähnlich Als der Junge von St. Quentin im Schrank hing sorgten wir dafür daß alles sein Gleichmaß behielt wenn auch mit Verschiebungen

M. DER ST. QUENTIN Der Maat war gut Konnte das Weben

nicht besonders aber er sorgte dafür Für die Flaggen reichte es Auch Mützenbänder Den Rest übernahmen Maschinenwebereien

MISSIONAR Leichte Verschiebungen Sie störten das Gleichmaß nicht Manchmal erhöhten sie es

M. DER ST. QUENTIN Der Maat war gut Alle mochten ihn Das Weben hatte er von seiner Großmutter in Frisco *Schluchzend* Von seiner Großmutter in Frisco Mit dem Blick auf die Bucht *Wieder heiter* Als das Schiff abgewrackt wurde stellte es sich heraus daß er keine hatte Keine Großmutter
Wir stehen hier schon zu lang
Ja

M. DER ST. QUENTIN Auch nie eine gehabt hatte Das Weben hatte er der Kleinen abgeschaut oder er hatte es von sich aus *Gähnend* Alles möglich

MISSIONAR *wieder eifrig* Wie bei uns Wer eine Fähigkeit hatte benützte sie Nach ihrer Herkunft wurde nicht gefragt Der eine nähte der andere erfand Mittel gegen das Ungeziefer von dem wir im Garten genügend hatten Pfeilgift andere jäteten wieder kochten setzten junge Sprößlinge oder hielten vom Wachtturm nach räuberischen Horden Ausschau alles in Frieden Ein hölzerner Wachtturm aber er

genügte Auf der alten Missionsstraße die
man heute noch bezeichnen kann Ich habe
mir sagen lassen manche gingen ihr immer
noch nach *Unsicher* Von Staubwolken
getragen kamen die Melder rasch voran

M. DER ST. QUENTIN Es war ganz ähnlich bei uns Ringsherum
Wasser

MISSIONAR *aus der Fassung* So daß sich die nächsten
rechtzeitig absichern konnten Geschickt
darin sich hinter Kakteen oder Eiben zu
verbergen oft samt den Maultieren die sie
bei sich hatten

KIND Ich möchte wellenreiten
Wo Wo willst du das

M. DER ST. QUENTIN *müde* Alles wie bei uns Ich verschenkte
zwei Plastikkugeln von dem Schmuck
und ging an meinen Dienst

KIND Surfing In der Brandung
Zeig mir die Brandung wenn du eine
siehst
Hinter dem Museum Bei dem Park die
Böschung hinunter

M. DER ST. QUENTIN Dienst hatte ich auch Der Himmel war
bezogen

VAU Du glaubst doch nicht daß wir es hier
von diesem Platz in Auckland nah zur
Brandung haben
Platz in Auckland
Was denn

KIND *ruhiger* Die andern sind auch fort

M. DER ST. QUENTIN Alles wie bei uns
FRAU José
JOSÉ *etwas außer Atem* Ja bitte
FRAU Es beginnt wieder
Jeden Augenblick schleicht sich einer
davon
MISSIONAR Unsere Iren hatten ein so frisches
Aussehen auch wenn sie von Staub
übersprüht waren Anders als dieser Junge
aus St. Quentin
M. AUS FRISCO Curare Curare Pfeilgift Euripides Wenn
ich mich erinnern könnte was die hinter
mir noch sagten
Wurdest du nicht weggerufen
M. AUS FRISCO Ich war dabei ich sah den Küchenstuhl
den Mann darauf die Enterhaken in
seinen beiden Händen den der ihn hielt
KIND Was heißt Curare
Pfeilgift
Indianisch
Du lernst es auf der Schule
KIND *vergnügt* Curare
Und Orgelbau
MISSIONAR Bei uns war beides möglich auch zugleich
M. DER ST. QUENTIN *leise* Wie hieß euer Boot *Nach einer*
Pause Das meine hieß Bei mir gabs mehr
als eins Aber es kann gut sein daß es
St. Quentin hieß
Hier flüstern welche
Ja

M. DER ST. QUENTIN *laut* St. Quentin sagte ich
Hör auf
Soll weiterreden
Worum geht es denn hier
Um Bootsnamen

M. DER ST. QUENTIN Darum daß es gut sein könnte daß das
Boot mit der kleinen Rothaarigen der
später der Maat folgte
Wer sagt denn daß die rothaarig war

M. DER ST. QUENTIN St. Quentin Und das deine Besinn dich
Der Name zieht den Rest nach War es ein
Flaggschiff Ein Flaggschiff muß es sein
Sonst wäre ihnen das Ausdrehen nicht so
wichtig gewesen
Gleich zwei Leute
Sogar Enterhaken
Geburtstag hatte er nicht

M. DER ST. QUENTIN Den hatte ich
Jetzt langsam unterscheide ich die beiden
Gelächter
Es ist von hier aus schwer
Von hier aus auch Selbst ich Ich stehe
hier dicht neben dem ersten
Händeklatschen Ruhe
Mischt euch nicht hinein
Sind das Seeleute

M. AUS FRISCO *stockend* Es ist meine Sache Ich begann
damit Niemand soll behelligt werden
Klingt gut
Kein Ende mit der Flagge

Er soll eins erfinden
Das will er nicht

KIND — Ich möchte wellenreiten Surfing Solange die Brandung reicht
Die Kleine hat zugelernt
ratlos Sie will hier durch
Nicht lassen
Nein Sie ist zu jung
Zu jung Man kann nicht jung genug beginnen
entfernter Geräusche wie von einem Tumult Jetzt will sie hier durch
Laßt sie
O Frisco Frisco

M. DER ST. QUENTIN — Das sagt der so weiß nichts von St. Quentin Eine dortige Geburt das ist der wahre Adel

KIND — *klagend* Die andern
Welche andern
Thackeray sagte der eine Und der andere sagte es auch
Mein Gott als ich noch jung war
Dazwischen riß das Tuch

KIND — *Zornig* Ich will hier durch ich möchte wellenreiten
Bei uns gab es das nicht Obwohl wir auch an der Bucht wohnten
Dort entdeckte ich Thackeray

M. AUS FRISCO — Dann kennen Sie vielleicht die beiden die mit uns im Frühjahr kreuzten

M. AUS FRISCO Nein Wie Soll ich denn über Land fahren und fragen Was geschah mit der Flagge als Sie Thackeray sagten Ich könnte ebensogut fragen Was geschah unter der Sonne Einen der schlief Der schlief *Unruhig* Ich hatte zu erzählen begonnen ich hatte gut zu erzählen begonnen Aber selbst wenn ich annähme daß der Wind das Tuch zerriß ich käme an kein Ende *vorsichtig* Kann es nicht sein, daß der Küchenstuhl mit dem einen zu kippen drohte daß aber der andere ihn hielt

M. AUS FRISCO *unsicher* Zuletzt Und vorher

M. DER ST. QUENTIN So weit erzähle nicht *Vertraulich* Bist du auch in St. Quentin geboren

M. AUS FRISCO Bring mich nicht ab Ich war jetzt dicht daran

M. DER ST. QUENTIN Es muß hier mehrere geben

M. AUS FRISCO Alles in einem Thackeray die Flagge der Enterhaken

MISSIONAR Wie ich schon sagte Das Studium der Pfeilgifte des Orgelbaus

M. AUS FRISCO Nein nein nicht so *Ruhiger* Danach ging es westwärts

MISSIONAR Ja wie bei uns Soweit es da noch westwärts gehen konnte

FRAU José

JOSÉ Ich schalte jetzt ab Aber es wäre besser

Sie blieben noch eine Weile darunter
damit Ihr Kopf abkühlen kann

FRAU *seufzend* Gut gut

M. AUS FRISCO Fast hatte ichs

M. DER ST. QUENTIN Begnüge dich mach es wie ich Ich weiß
nicht einmal ob meine Geburt zum
Leben reicht und feiere sie doch
St. Quentin oder nicht ich bin doch da
Immer zu Anfang Dezember

M. AUS FRISCO Mir geht es nicht um die Geburt
Um Thackeray Das gefiele mir am besten

MISSIONAR Es ist wahr auch wir bestimmten jeden
Tag einer Hauptsache jede Woche einer
andern jedes Jahr jedes Säkulum
vergnügt Solange die Hauptsachen rei-
chen

MISSIONAR Es bewährte sich

M. AUS FRISCO Ich erinnere mich an ein gestreiftes
Kissen Ich hielt es mir unter den Kopf So
las ich Thackeray Gestreift merkwürdig
Ja

M. AUS FRISCO Ich trennte mich nie leicht von der
Lektüre wenn die Mutter rief Ich hatte
noch Brüder

MISSIONAR Unsere irischen Fratres
Jetzt ist die Kleine weg
Wohin denn
Hinter dem Museum die Böschung
hinunter
Hier ist sie ja

MISSIONAR Unsere Brüder waren die besten Finder
beherzt und sorgfältig Wer ermißt was oft
zwischen Mission und Mission in Verlust
gerät
leise Sie schläft

MISSIONAR Das eine Mal ein Sattelstück im Stechginster das andere Mal Orgelpfeifen unter
den Felsen Jede einzelne Pfeife hätte im
Wasser landen können

M. DER ST. QUENTIN Ich glaube wir hatten keine Orgel
Vielleicht waren es unsere Pfeifen die ins
Wasser fielen Ein Windstoß mehr ein
ungezielter Regensturz *Lebhaft* Ich will
euch von St. Quentin erzählen von
seinem Anstrich den Höfen und Innenhöfen der Bau war vor Zeiten ausgeschrieben worden Unsere St. Quentin lag
gut auf dem Wasser Bäume hatten wir
keine
Hier ist einer der gern noch mehr von
Thackeray wüßte
Von Flaggenstöcken
Nein von St. Quentin

FRAU Kann man kein Ende machen

JOSÉ Noch nicht
Die Kleine schläft aber tief Wenn ich
denke daß sie eben noch vom Museum
sprach hügelabwärts und von den andern
Jetzt schläft sie
Surfing

M. AUS FRISCO Wenn es wirklich um Thackeray geht und wollen wir uns nicht darauf einigen so berichte ich gerne von ihm Ich weiß eine Menge
Wollen wir uns einigen
Worauf denn
Wurde hier schon erwähnt
Erst einmal einigen
Nein

KIND Nein nein
Was sagt sie
Träumt Sie redet nach
Mein Frisco
Lachen
Es ist groß Es ist meins
Was
Groß und meins das möchte ich gesagt haben

M. AUS FRISCO Und ich Was war es was ich gesagt haben wollte
vorsichtig Ein Küchenstuhl

M. AUS FRISCO Das ja
Ein Mann darauf

M. AUS FRISCO Ja ja
Der Stab die Flagge Mehrfach eingedreht

M. AUS FRISCO Sagte ich das
So Ungefähr

M. AUS FRISCO Und mehrfach
Vierzehnmal
Es ist eine Frage des Lebens

Quincey
Nicht Quincey

M. AUS FRISCO Wie kam es dazu
Für Doppelleben ist das eine Doppelfrage
Bei dreien macht es drei
Und vier bin ich Ich war es auch schon früher

M. AUS FRISCO Aber vierzehn Vierzehnmal Wie geschah das
Der Wind
Das schwache Tuch
Der starke Stab
Gelächter
Das schwache Tuch
Der Wind
Und schon geschah es
So geschah es eben
Ja so geschah es
Es war gleich geschehen
Weinst du

FRAU José
Friseure vor

FRAU José
Mein Frisco
Wem seins
Nein wessen Wessen Frisco
Ich versteife mich nicht darauf Ich bin einsichtig
Sum sum
Der Ort der gut genug ist

Wessen ist es denn
Gehört den Friseuren Und dabei bleibts
Das Ding da mit dem großen
Nicht Quincey
Quincey nicht
Wie das orgelt
Ja
Und drängt Immer vor sich will
gähnend Es ist alles so wahr
Schottisch wahr irisch wahr
verklärt Da lagen sie Brüderlich
Nacht Varus
Gute Nacht Frisco
Brüderlich Wie ich sagte Wie ich schon
sagte
Nacht Nacht

KIND *erwachend gereizt* Ich möchte surfing
Falsch
Du
Was möchtest du
aus einer anderen Richtung Ich bin eine
Verehrerin der hiesigen

KIND Ich möchte gerne
Hiesig hiesig
Der Missionssprengel
Sind wir das
Nein
Alles entweder Schotten oder Iren
Richtig wollte ich sagen
gähnend Das Häuschen an der Bucht

KIND Ich möchte wellenreiten
Hier ist niemand der wellenreiten möchte
Oder surfing oder sonst etwas
Stimmts
dumpf Niemand
kichernd Surfing
Die Kleine ist wieder eingeschlafen
Ja soll sie *Zornig* Soll sie doch
Wenn sie aufwacht gibts kein Surfing
mehr
Dann eilen sie schon heimwärts Mit
Flaggen

M. AUS FRISCO Flaggen
Sst

M. AUS FRISCO Sprach ich davon Oder wovon Heim-
wärts Nein Oder von der Eile Eilen Das
liegt mir auf der Zunge Aber nicht gut
mürrisch Es waren Flaggen

M. AUS FRISCO Flaggen
Da soll doch einer
Was

FRAU José

JOSÉ Ich komme schon Nur noch abkassieren
Wir sind jetzt alle müde

M. AUS FRISCO Was war es Ein Erhängter ein Webstuhl
Nein es war kein Webstuhl
Eine Orgel
Müde
Hier staubt es

M. AUS FRISCO Thackeray

Ja ja
Du hast es bald

M. AUS FRISCO Kein Webstuhl kein Erhängter
Kein Sprengel

M. DER ST. QUENTIN Mein Boot hieß Quentin

MISSIONAR *zögernd* Wenn bei uns das Gespräch
erlosch die Stimmen sich senkten
Flaggen Einfach Flaggen

MISSIONAR *hilflos* Der Abend rötlich hervorkam
Kommt der
Kommt ja
Er kommt
Curare Cur cu
Die Stimmen sich senkten
Hurra wollte ich sagen
Der Abend rötlich hinter dem Museum
hügelabwärts *lachend kann sich zuletzt nicht halten vor Lachen bricht ab* rötlich
Hügel hügelabwärts *hustet lacht verschluckt sich gluckst nur mehr* sich senkten
Lacht der
Lacht lacht

MISSIONAR Ich könnte wetten er sieht unserem
Jungen aus St. Quentin ähnlich wenigstens von der Ferne

M. AUS FRISCO Der Kerl bringt mich heraus Flaggen
Flaggen Ja flaggen
Und Enterhaken Nein so Die enterhakten mit den Enterhaken und flaggten mit den Flaggen

Einer
Oder einer
Wenigstens von außen

M. AUS FRISCO *nachdenklich* Flaggen und Enterhaken

MISSIONAR Wie er im Schrank hing Wenn man sich die Zunge wieder an ihren Platz denkt sieht er ihm ähnlich Das Wippen ist das gleiche
Wippte der

MISSIONAR Wenn man daranstieß

M. AUS FRISCO Der bringt mich stark heraus

MISSIONAR Und hörte schließlich nicht mehr auf ehe wir ihn zur Ruhe legten *Ernst* Das konnte er schließlich nicht von seiner Mutter haben
Nein

M. DER ST. QUENTIN Schwache Bürschchen kann man draußen nicht brauchen Da stecken oft die Großmütter dahinter Oder irgendwelche Onkel
Wo draußen

M. DER ST. QUENTIN Aber es war nicht schlecht wenn einer an Bord das Weben beherrschte

MISSIONAR Man konnte auch bei uns alles brauchen

M. DER ST. QUENTIN Vom Flaggenweben bis zu den Mützenbändern

M. AUS FRISCO *vor sich hin* Enterhaken die Küstenlinie *rasch* Es wird jetzt Nacht

FRAU José

JOSÉ Ich bin da

FRAU Sie vernachlässigen mich heute
JOSÉ Ich stehe den ganzen Morgen bereit für Sie
FRAU *zornig* Welchen Morgen
Nicht Quincey
M. AUS FRISCO Als Thackerays Stern schon aufgegangen war versuchte einer eurer Leute
Halt halt
M. AUS FRISCO Versuchte einer eurer Leute mich auf Quincey zu bringen Ein anderer stand und hielt er sagte das Flaggentuch hätte sich rund um den Stock herum gelegt und wäre eingerostet Genauso Vierzehnmal
Er gab mir zwei Enterhaken Vor mir sah ich die Küstenlinie Ich hatte Geburtstag
Das war der andere
M. AUS FRISCO Das war ich
M. DER ST. QUENTIN *entfernter* Ich ich
Und der aus St. Quentin der im Schrank hing
M. DER ST. QUENTIN War ich
Da kommt noch mehr
Blech
Blech und Christbaumschmuck
M. DER ST. QUENTIN Neun Tage Der war ich auch Wenn ich an die Mission denke Iren und Schotten und ich Ganz steif *Behaglich* Wenn ich daran denke *Nach einer Pause* Sie sangen gleich wieder
M. AUS FRISCO *heiser entfernt* Bekamst du die Flagge herum

M. DER ST. QUENTIN Ja so ist das *Aufgescheucht* Die Flagge
herum Versucht habe ichs
ruft Das kümmert ihn nicht weiter
FRAU José
JOSÉ Ja ja
M. AUS FRISCO *dieselbe heisere Stimme wie vorher* Das
kümmert ihn nicht weiter
Darauf laß dich nicht bringen
Es gibt hier welche die wissen wollen was
mit der Flagge geschah Ihr gutes Recht
M. AUS FRISCO *heiser* Gutes Recht ja
Wer ist der rasch wieder
Rasch Haltet ihn
Hier Neben mir
empört Ich bin nicht der
Wie sah er denn aus
Welcher
Der begann Der den Küchenstuhl
aufbrachte
M. DER ST. QUENTIN Nehmt mich
Die Flagge Thackeray Quincey
Hier hier
Die Küstenlinie
Der ist fort
Das Kind beginnt zu weinen
Komm wellenreiten
Oder weben Willst du weben
Ich lese dir was aus Thackeray vor
Die Kleine weint stärker
M. AUS FRISCO *aus der Ferne atemlos* Lassen In Ruhe lassen

Aber ja
Ist das der Vater

M. AUS FRISCO *näher noch immer atemlos* Ich habe
einige Vorschläge für ihr Glück

M. DER ST. QUENTIN *ganz nah* Ich auch
Nicht drängen
Hinter dem Museum hügelabwärts
summt Zwischen Berg und tiefem tiefem
Tal
Gelächter

MISSIONAR Das war ein hübsches einfaches Lied Das
sang man

M. DER ST. QUENTIN *zornig* Vorschläge für ihr Glück

M. AUS FRISCO Sie soll jetzt gehen

MISSIONAR Spät für so ein Kind
Frisco Surfing Varus Euripides Mit dem
wiegenden Gang der Seeleute
Bring nichts Neues auf

MISSIONAR Genug gehört

M. DER ST. QUENTIN *lacht* Mit dem wiegenden Gang Der fehlt
noch

M. AUS FRISCO *heiser* Ja
Der Erhängte und die schottischen
Fratres
St. Quentin Thackeray
Der war das beste
Die Weberin die über Bord ging
Ssst
Der Weihnachtsschmuck für neun Tage
glucksend Neun

Der Matrose auf dem Küchenstuhl
aus der Ferne Mein Frisco
Die Kleine soll gehen
Curare Wellenreiten die irische Heimat
Soll gehen
Ja

FRAU José

JOSÉ Gleich

FRAU Ich möchte zahlen

JOSÉ Ich hole noch den Spiegel ist es so recht
Hat das lange Warten gelohnt *Nach*
einem Augenblick Gefallen Sie sich jetzt

Vorbemerkung zu ›Gare maritime‹

Gare Maritime heißt Seebahnhof, eigentlich ein paradoxes Wort und zugleich eine exakte technische Bezeichnung für Bahnhöfe, die diejenigen Passagiere aufnehmen, die von der See kommen oder auf See wollen, umsteigen wollen eigentlich, wenn man das sagen könnte: auf die See umsteigen. Man könnte es hier fast sagen, da das Stück in einem öden leeren großen Innenraum beginnt, ich stelle mir die Halle eines aufgelassenen Seebahnhofs vor. Außer den Stimmen der drei Personen sind keine Signale, Geräusche von Zügen, Schiffen oder andere Stimmen hörbar. Man muß nun versuchen, den drei Personen, einem Mädchen und zwei Männern, zuzuhören, am Anfang vielleicht so, wie man hie und da gezwungen ist, Teile eines fremden Gesprächs mitanzuhören. Wenn man genau hinhorcht, wird einiges deutlich werden, vieles vielleicht unklar bleiben. Es ist vielleicht, als sähe man einem Puzzlespiel zu, oben erscheint ein grauer Fleck, wir wissen nicht, ist das der Himmel, unten erscheint vielleicht rot, grün, ein gedämpftes Blau, wir wissen noch nicht, ob das die Erde ist. Aber da und dort fügen sich schon einige Puzzlestücke zusammen und wenn wir das erste Gespräch in Ruhe an uns herangelassen und zu Ende gehört haben, wenn wir jetzt die inzwischen bedeckten Teile des Puzzles eindringlich betrachten, so ergibt sich schon einiges.

Es handelt sich offenbar um sehr unnütze Leute: Um Pedro, der immerfort Böcke schließt und dabei auf Joan aufpassen soll, obwohl er nicht weiß, weshalb, um Joe, einen Seemann, der offenbar an der Seefahrt zu zweifeln begonnen hat und um Joan, die auch schon im Begriff ist, unnütz zu werden, um die aber noch Erinnerungen aufblitzen, der noch nachgeforscht wird, wenn auch nur von zwei ziemlich unbeholfenen Lyzeumslehrern, die ihrer Identität nachgehen, ihren halbvergessenen Wert für die Nation feststellen sollen, immerhin eine Chance für Joan, aber sie läßt sich nicht darauf ein. Sie schlägt sich zu den Unnützen, läßt sich von dem frühzeitig abgeheuerten Seemann in einem abgelegenen und kaum besuchten Hafenmuseum verbergen, flieht vor denen, die nach ihr forschen. Sie scheint schon einmal erfahren zu haben, was Wert für die Nation bedeutet, es jagt ihr Furcht ein und bringt sie zum Lachen. Und sie beherrscht eine Kunst, die ihr dabei helfen könnte, nicht entdeckt zu werden, die Kunst, nicht mehr oder nur höchst selten zu atmen, eine Kunst, die sie vielleicht endgültig unnütz machen, sie ganz aus dem Bereich des Effektiven herausziehen könnte.

Während sie steif im Museum lehnen, versucht ihr Seemann Joe diese Kunst von ihr zu lernen, mit ihr den Höhepunkt der Unnützlichkeit zu erreichen und der Blockschließer Pedro, der ihnen nachgeht, beginnt zu ahnen, daß darin eine Chance auch für ihn liegen könnte, beneidet sie, bettelt sie darum, ihre Kunst auch ihm beizubringen. Die Unnützen versuchen also in diesem Spiel, ganz unnütz zu werden, sie versuchen, noch weiter an den Rand zu geraten. Das Hafenmuseum eines aus dem Betrieb geratenen Hafens scheint der richtige Ort dafür zu sein. Eine Schulklasse, die routinemäßig durch das Museum geführt wird, erweist sich noch einmal als Gefahr für sie, die plötzliche Liebe des Schuljungen Edward zu Joan, sein Wunsch, bei ihr zu bleiben, der Spott der anderen, der geeignet wäre, sie zu provozieren, aber sie bestehen die Probe, Pedro hilft ihnen dabei und auch die beiden Lehrer, die, zu Inspekteuren ernannt, die Identität Joans, ihren eventuellen Wert für die Nation feststellen sollen, scheitern.

Ein Museumswärter, der, als alle gegangen sind, das Museum noch einmal kontrolliert, ehe es geschlossen wird, entdeckt sie, reißt sie von den Haken, an denen sie sich mühsam selbst befestigt haben, und kehrt sie oder was von ihnen geblieben ist, in den Hof hinunter und an die Kais. Unnützer kann man nicht werden. Sie haben es erreicht. Und es ist nicht Resignation, es klingt ein Triumph aus Joes Worten, als er, während sie sich oder ihre unkenntlichen Reste mühsam die verlassenen Kais entlang schleppen, auf Joans Frage, ob sie vorankämen, antwortet: »Doch, doch Joan. Ich glaube, wir kommen voran.« Es sagt es fast so, als kämen sie erst jetzt eigentlich voran, nachdem die letzte Konsequenz aus ihrer Zusammengehörigkeit und der Kunst, die sie zusammengehörig macht, gezogen ist. Die Religionen, so heißt es, erneuern ihre Kräfte aus den Häresien. Diese Welt und diese Gesellschaft, in der die Wertmaßstäbe der Effektivität, der ungeduldigen Nützlichkeit ausschließlich zu werden drohen, könnte die Chance ihrer Erneuerung bei denen haben, die sie unnütz nennt.

Gare maritime

Personen

JOAN
PEDRO
JOE
1. INSPEKTOR
2. INSPEKTOR
KIND
LEHRERIN
EDWARD
NANCY
KINDER
STIMME VON DRAUSSEN
WÄRTER

JOAN *jedes Mal schneller*
Zur Zeit der Kreuzzüge zu Fuß
zu jemandem gehen
Zur Zeit der Kreuzzüge zu Fuß
zu jemandem gehen
Zur Zeit der Kreuzzüge zu Fuß
zu jemandem gehen
Zur Zeit der Kreuzzüge zu Fuß
zu jemandem gehen

PEDRO Block drei offen

JOAN Wie weit

PEDRO Rasch

JOAN *stockend* Zur Zeit der Kreuzzüge zu Fuß

PEDRO Block drei schließt gleich wieder

JOAN *verwundert* Gleich

PEDRO Rascher

JOAN *sehr schnell* Zur Zeit der Kreuzzüge zu Fuß

PEDRO Und weiter weiter

JOAN *erschöpft* Gleich

PEDRO *nach einer kurzen Pause* Joe *Erregt* Joe
Atmet sie noch

JOE *gähnt*

PEDRO Ob sie noch atmet

JOE Nicht viel dran *Nach einem Augenblick*
Horch selber

PEDRO Kann mich schlecht bücken *Als Joe schweigt* Faselte eben noch etwas *leiser*
Verrat Verrat *laut* Verrat

JOE Was denn

PEDRO Alles verzogen Die Gatter eingedrückt

JOE Du hast Angst

PEDRO Die Puppen bringt man schlecht zwischen Gatter und Straßen durch Aber versucht haben sies Da ist allerhand versucht worden Verträge und so fort

JOE Schläfst du auf dem Block

PEDRO Ja

JOE *kichernd* Kuschelst dich ein

PEDRO Ja

JOE Hast auch noch einen Vertrag

PEDRO Einen mittleren Vertrag

JOE Schalterdienst

PEDRO *zornig* Gerade eben jetzt

JOAN *beginnt langsam zu atmen*

PEDRO Horch

JOE Das hört sich nicht neu an

PEDRO Abwarten

JOE Das übertrifft sich nicht ob man es kreuz oder quer legt *Nachdenklich* Wir gingen schon miteinander als Ameisen die Kais entlang Da war nichts anders Jetzt trägt sie ein blaues Kleid

JOAN *atmet rascher*

PEDRO He Block drei schließt Ich sagte ihr vorhin daß Block drei gleich schließt

JOE Machen sie dich hier zum Museumswärter

JOAN *leise* Zur Zeit der Kreuzzüge zu Fuß Die Fastenzeit Viel zu Fuß

PEDRO Ich habe Angebote genug
JOAN Die heilige Woche
JOE Der alte Hafen und so fort
PEDRO Hört auf
JOE Gehst du jetzt
JOAN Block drei schließt gleich
PEDRO Aha
JOE Das weiß sie jetzt
PEDRO *mürrisch* Es muß rascher gesagt werden
JOE Das Museum ist ganz hübsch mit Figuren auch oft Wachleuten davor ganze Trupps Bringst du sie dorthin *Zögernd* Es soll dort alles schön ausgebessert werden
PEDRO Deshalb nicht
JOE Bringst du sie hin
PEDRO Das soll mir einer sagen *Erregt* Hängt davon ab ob sie atmet oder nicht
JOE Und wer soll das entscheiden
PEDRO Zwei Grammatiklehrer vom Lyzeum auf dem Hügel
JOE Kommen die herunter
PEDRO Glaub ich nicht
JOE Und wie bringst du sie hin
PEDRO Das hängt wieder davon ab
JOAN *atmet unregelmäßig*
JOE Von dem da
PEDRO Ja
JOE Von dem soll alles abhängen
PEDRO *sich mit Mühe besinnend* Da war ein Laden Ich weiß nicht was für ein Laden

Da konnte man hin und konnte die Zuschauer ausgesperrt lassen Manchmal kam einer hin und beschwerte sich aber der kam nicht durch Sie lag am Boden hinter dem Ladentisch Das konnte sie dort

JOE Hieß sie Joan

PEDRO Nein

JOE Wie dann

PEDRO Balthasar aber nicht Balthasar Weil sie kein Mann ist hieß sie nicht Balthasar Aber nur deshalb Wie wenn ein Mädchen Balthasar hieße So hieß sie

JOE Ah ja

PEDRO *hustet als hätte ihn das Reden angestrengt*

JOE Bal tha sar

PEDRO Das ist alles privat

JOE Privat

PEDRO Privat

JOE Sags noch einmal

PEDRO *beginnt wieder zu husten*

JOAN *stockend* Zur Zeit der Kreuzzüge zu Fuß zu jemandem gehen

JOE Kann sie noch mehr Sätze

PEDRO Den kann sie nicht

JOE *zärtlich* Joan

PEDRO Nein

JOE Das weiße Krägelchen

PEDRO *zornig* Hör auf Rühr sie nicht an

JOE Deine Biegepuppe Dein Püppchen mit dem durchgebogenen Kreuz

PEDRO *ruhiger* So oder so

JOE Daß nicht alles krachte als du sie durch die Gitter gezerrt hast *Auf Pedros Schweigen* Als ob es Winter wäre sieht die aus Ich gehe dann

PEDRO Bleib noch

JOE Mit dir auf zwei Lehrer warten Und mit dieser

PEDRO Ich will nur den Block schließen

JOE Geh Geh schon

PEDRO Gib acht auf sie

JOE *wartet einen Augenblick klopft vorsichtig* So dürre Hüftknochen hab ich mein Leben nicht gesehen *Klopft wieder Es klingt als ob er auf Holz klopfte* He wach auf Wach auf Joan

JOAN *seufzt*

JOE Sag deinem Joe wie oft du nicht atmest At mest Aus dir könnte man eine Menge hübscher Kinderklappern machen Hörst du Hörst du Joan Ich kenn dich doch ich kenn dich von früher *Dringender* Wenn du tauchst Joan wo holst du dann die Luft her Und wenn du nicht tauchst wieviele Atemzüge läßt du dann aus von denen die verlangt sind Ich muß es wissen Ich will umschulen Joan *Klopft wieder* Meinst du ich kenne deine hohlen Knie nicht wieder Als ob man auf unbedachte Verstecke stieße Das geht

durch die Seide Den Klang gibts nicht
noch einmal aber einmal gibt es ihn Mit
der Stirn versuch ichs erst gar nicht Oder
soll ichs mit der Stirn versuchen was
meinst du Oder da wo deine Schläfen
einsinken Du bist leicht zu erkennen Joan
Jeden Knochen erkennt man bei dir daran
daß du ihn nicht liebtest nicht großgezo-
gen hast Und dabei waren dir deine
Knochen noch immer lieber als der Rest

JOAN *ruhig deutlich* Laß mich in Frieden Joe

JOE Der arme Rest

JOAN Mit deinen alten Reden

JOE Atmest du jetzt

JOAN Ich schneide Bast und dahinter kommen
sieben Säuglinge hervor

JOE Oder stößt du die Luft nur aus die sich
dir eindrängt dir zudringlich wird Joan
ehe dein Blockschließer wiederkommt
diese Pest oder wer immer es ist ich will
nur zwei Auskünfte von dir

JOAN Nur zwei

JOE Das ist schon viel

JOAN Deine Lobreden

JOE Ich will was wissen

JOAN *ihn nachahmend* Wie lange hältst dus
unter Wasser aus Joan

JOE Das stimmt

JOAN Und wie lang in der Luft

JOE *begierig* Wie lang

JOAN Was willst du wissen Joe

PEDRO *atemlos* Was machst du mit ihr

JOE Zwei Fragen zurück Wenn das nicht eine Menge ist

PEDRO Hast du sie angerührt

JOE Und wird immer noch mehr

PEDRO *erschöpft* Block drei schließt nicht

JOE Eine Weisung

PEDRO Nein Er klinkt nicht ein Allein krieg ich ihn nicht hin Ich muß ihn aber hinkriegen

JOE *seufzend* Ich komme schon

PEDRO Und sie

JOE Sie

PEDRO Wir schleifen sie zu zweit

JOE Das sind Aussichten Und bei den Drehkreuzen

PEDRO Unter dem Gatter durch

JOE Ach ja

PEDRO *drängend* Sie geht leicht durch Es ist schon eine Spur dort

JOE Das wird sie trösten

PEDRO Kommst du

JOE *zornig* Kommst du kommst du

PEDRO So ist es richtig Joe So hältst du sie recht Vorsicht

JOE Wenn doch die Spur da ist

PEDRO Was kracht ist der Taft

JOE Guter Taft Und was nicht kracht

PEDRO Hier durch

JOE Jetzt hast du das Kräglein verknittert
PEDRO Noch hier Und hier
JOE *schwer atmend* Die ist schwer aber leicht
PEDRO Hier weiter
JOE Weil sie nicht Balthasar heißt
PEDRO Gib acht
JOE Ich muß verschnaufen
PEDRO Nach dem kurzen Wegstück
JOE Vor dem langen Rest Bevor wir aufrecht durchs Drehkreuz gehen und sie unter dem Gatter durchzerren Und weiter
PEDRO Der bricht nichts Die kenne ich
JOE Ich auch nicht
PEDRO Wechseln wir die Seiten
JOE *mürrisch* Ich wechsle schon Hab immer noch gewechselt Kenne alle Seiten von allen Seiten her
PEDRO Ich verstehe dich immer schlechter
JOE Jetzt keuchst du ja
PEDRO Das ist kein Kinderspiel mit dir und ihr
JOE Das kurze Wegstück
PEDRO Hier
JOE Ich weiß Man kennt den Weg zum Block
PEDRO Sie wird jetzt schwerer
JOE *summt* Der Leuchtturm hat ein blau-blaues Kleid
PEDRO Schwachsinn
JOE Nicht auf See
PEDRO Auf See auf See Du hast längst abgeheuert
JOE Das Gatter

PEDRO Und die konnten noch froh sein daß sie dich loskriegten

JOE Ich weiß

PEDRO Hier ist die Spur

JOE Ich sehe nichts

PEDRO Zwei Meter vom Gatterende

JOE Die ist zu schmal Da zieh ich sie nicht durch

PEDRO Was denn Über das Gatter werfen oder ins Drehkreuz stellen

JOE Hier an den Wegrand legen bis wir zurück sind

PEDRO Ich darf sie nicht allein lassen Keinen Moment

JOE Könntest auch was versäumen

PEDRO Komm schon

JOE Ich zieh sie hier nicht durch

PEDRO Ich sage dir der Puppe bricht nichts Da und dort Staub in die Höhlen Der lockt ihr vielleicht den Atem wieder hervor

JOE Oder taucht dir zurück was du zuviel davon hast *Krachen*

JOAN Dem hast dus gegeben Joe

JOE Freu dich nicht drüber Kannst du stehen

JOAN Nein

JOE Ein Grundsatz von dir

JOAN *ruhig* Kein Grundsatz

JOE Aber gezerrt werden Und dann Schiedsrichter kommen lassen vom Lyzeum auf dem Hügel Kennst du die zwei

JOAN Nein
JOE Wie geht dein Atem jetzt
JOAN Wie immer
JOE Dann sag mir wie
JOAN Ganz gut
JOE Oder was wolltest du sagen Nein nein ich frage nichts mehr Wollte auch nur wissen wie dein Atem nicht geht und was sollst du davon wissen Das Kleid paßt dir
JOAN Ja
JOE Ja
JOAN Ich muß meine Stimme nicht immer weglassen
JOE Soviel wußte ich schon
JOAN Nur den Atem
JOE Ja
JOAN Aber das reicht
JOE Weißt du wo du bist Joan
JOAN *seufzt*
JOE Ich dachte mir daß du keine Ahnung hast Wie lange zieht der Kerl dich schon herum Wer hat dich ihm übergeben Und wer dem vorher *Nach kurzem Schweigen* Auch nicht Weißt du daß du Glück hast Es kann hier kalt werden und die Kälte bleibt nicht trocken Hörst du Es gibt hier einiges
JOAN Ich weiß
JOE Das weißt du wieder Dann weißt du vielleicht auch wieviel Kanonenboote

heute auslaufen oder ob wir Dienstag haben Ich möchte einmal deine Wissenschaft beherrschen Sie geht wie dein Atem

PEDRO *ächzt*

JOAN Er rührt sich wieder

JOE Du sagst mir soviel

JOAN Wie heiße ich nur rasch

JOE Aber ich sag dir eins Verlaß dich nicht auf Vordächer und laue Tage Sie werfen Blasen

PEDRO *benommen* Block drei Schließzeit

JOE Soweit wären wir wieder

PEDRO Du bist ein ganz kleiner gemeiner

JOE Solche wie dich erwischt es öfter zu schwach

PEDRO *zornig* Ich muß den Block schließen

JOE Zuviel

PEDRO Mit dieser Knochenklapper die das Atmen nicht lernt

JOE *rasch* Laß sie mir

PEDRO Damit mich die Hafenbehörde faßt

JOE Das Lyzeum dachte ich Auf dem Hügel

PEDRO Was willst du mit ihr

JOE Den Richtern aus dem Weg gehen

PEDRO Wohin

JOE Das mache ich schon

PEDRO Wie groß du redest

JOE Ich verstecke sie vor den Kardinälen den Lord Oberrichtern den Zollbehörden

PEDRO Wo

JOE An unbesuchten Orten

PEDRO Dann im Museum

JOE Ein Lyzeum tut es auch wenn es im Niedergang ist Ein neueröffneter Kindergarten dem keiner traut *Entfernt Schritte*

PEDRO Ich glaube die zwei kommen

JOE Die wollen sich um ihr Volk kümmern um die abgeheuerten Seeleute Und ihre Kinderklappern herunterdeklinieren

PEDRO Vorbei

JOE Die warens nicht

PEDRO Aber man weiß es nie Ich muß jetzt schließen

JOE Schließ deinen Block

PEDRO Und die

JOE Laß sie mir solang hier Wir warten Ich berühr sie nicht

PEDRO Berühr sie nur Da kannst du deine Wunder erleben

JOE Ich kann sie auch berühren

PEDRO Laß sie

JOE Ja

PEDRO Sicher

JOE Sicher

PEDRO *schon entfernt* Aber sicher

JOE Joan komm jetzt Er ist fort

JOAN Mein Kleid

JOE Dein Kleid ist ganz gut

JOAN Das vorige war mir lieber

JOE Ich weiß Kannst du so gehen Mit diesen Sohlen und Bändern

JOAN Ich kann mit allem möglichen gehen

JOE Dann komm Wir lassen die ersten Hafenbecken beiseite Vom letzten kenne ich den nächsten Weg zum Museum

JOAN Dort findet er uns

JOE Ich glaube nicht

JOAN Wie nicht

JOE Ich kann eine Figur machen

JOAN *lacht* Du

JOE Ich gebe schon acht

JOAN *etwas außer Atem* Und welche Figur wirst du machen

JOE Die dich hält Geh ich dir nicht zu rasch

JOAN Nein

JOE Was klirrt an dir

JOAN Klirren

JOE Mir war es so

JOAN *ruhig* Nichts klirrt

JOE Aber als es seineabwärts ging Joan wie war das

JOAN Es war nicht schwer Nicht schwer nein Es stäubt einen einfach hinunter

JOE Und dann

JOAN Dann bin ich hier Das ist dann

JOE Das ist jetzt Gib acht Ich frage dich nichts mehr *Poltern als ob ein Möbelstück umfiele*

JOAN Mein Schuh

JOE Das hörte sich nach Staub und Sesselbeinen an

JOAN *lacht wieder* Der Kardinal

JOE *erbittert* Der hat übergeben

JOAN Schon lange

JOE *ruhiger* Ja schon lang Aber es drang erst jetzt zu uns Und die Spanne zählt

JOAN *emphatisch* Es lebe – *bricht ab dann wie verstummt* Es lebe der schlechtere von meinen guten Schuhen

JOE Hier rechtsum

JOAN Über diesen Barren

JOE Gib auf den Rock acht

JOAN *wegwerfend* Der Rock

JOE *während sie weitergehen* Wenn wir dann im Museum sind Joan als Abelard nein ich weiß nicht wie der andere Name heißt wenn ich dich dann halte und wir reglos sind als Abelard und Joan zeigst du mir dann wie du nicht atmest wie oft die Abfolge und alles Die Zwischenräume Es sind lauter Kreuzzüge Joan es ist alles zu Fuß

JOAN Da kommen sie

JOE Mit ihren Mützen

JOAN Hüten Mit den Hüten

JOE Vielleicht sind sie es Deine Inspekteure die dich herausfinden wollen Der mit der Mappe sieht aus als wollte ers schon lang

JOAN Er kannte meinen Vater Aber er nahm die Ochsen nicht wichtig

JOE Die Ochsen

JOAN Wir hatten zwei Und Hühner Die sah er gar nicht

JOE Der andere

JOAN Ist von später

JOE *hastig* Schau nach dem Wetter Sag nichts

1. INSPEKTOR Sind Sie der Blockschließer

JOE Block Block

2. INSPEKTOR Block eins Block zwei Block drei

JOE Nein

1. INSPEKTOR Er muß voraus sein

JOE Ich sah einen der fing mit P an

2. INSPEKTOR Das war er

JOE Versuchte eine Dame in einem Kettenpanzer durch ein Gatter zu zerren Unten durch

1. INSPEKTOR Auf alle Fälle

JOE Dann eilen Sie sich Vielleicht erreichen Sie ihn noch mit Signalen *pfeift durch die Finger* So *ahmt ein quiekendes Schwein nach* oder so

2. INSPEKTOR Der schlüpft uns nicht durch die Finger

1. INSPEKTOR *von fern* Wie alt war die Dame

JOE *ruft* Sie schwankte *Lauter* Ich sah nicht viel Es kam auf die Gatterstelle an Auch auf das Kettenhemd Aber zwölf war sie sicher Sicher Verlassen Sie sich darauf *Zu Joan* Das reicht lange

JOAN Die kommen wieder

JOE Deine Pest wird ihnen Wasser und Feuer

erklären wollen alle Blöcke von eins bis drei Sie werden die Hüte ziehen ihn beschimpfen deinen Verlust beklagen Du kannst mit einem Jahrhundert rechnen ehe sie auf dem Absatz wenden

JOAN Sie werden gleich da sein und meine Schrift bemängeln

JOE Deine Schrift

JOAN *zornig* Meine Kreuzstriche

JOE Ich kenne sie Achtung Mörtel

JOAN Sie waren so

JOE Reib dir die Sohlen nicht wund

JOAN So

JOE Ja

JOAN Der Dauphin beugte sich ihnen

JOE Ich weiß gar nicht mehr worum es ging

JOAN Drei Kreuze

JOE Laß das vierte Der Mörtel ist hart

JOAN Ich will da sein

JOE Wir nehmen jetzt ein Boot Schnell durch das letzte Becken Noch ein Jahrhundert zwischen dich und deine Inspekteure Spring

Geräusch des Wassers Ruderschläge

JOE Kennst du Boote

JOAN *zögernd* Nein

JOE Aber Ochsen und Hühner und den Dauphin

JOAN Ja

JOE Landstrecken

JOAN Genug
JOE Felder
JOAN Hier schaukelt es
JOE Flache Straßen Du hast ein genügsames Herz Joan
JOAN Woher ist das Boot
JOE Ich vertäue mir hier und dort eins
JOAN Behältst du den Überblick
JOE Soviel ich davon brauche Streck die Beine aus Mach es dir bequemer Und behalte den Kai im Auge
JOAN *bedrückt* Ja den Kai
JOE Die Barren Blöcke
JOAN Und Blockschließer Wärter
JOE Man wird dich nicht mehr plagen
JOAN Ist das Museum dicht
JOE Dicht und staubig
JOAN Und wenn sie doch kommen
JOE Helfen uns andere Wir sind dann wertvoll Die Seeluft bewahrt uns Und unsere Heimatländer Ich halte dich wenn uns die Schulklassen streifen Am Eingang verkaufen die Wärter unsere Bilder Joan und Joe Ein Souvenir an die Welthäfen an die versöhnten Völker die getreuen Verwalter die sachten Oberhäupter die Kronen die über die Knie reichen Mit Luftschlitzen
JOAN Man muß die Ehrfurcht behalten
JOE Ja Joan

JOAN Und sich nicht rühmen lassen
JOE Nein nein
JOAN Du mußt dafür sorgen Joe
JOE Wenn ich nicht reiche lassen wir deine hölzernen Gelenke klappern Oder du atmest
JOAN Reicht das denn
JOE Für die einen die Klapper für die andern die Luft Das reicht Laß mir die Pausen *Als sie schweigt* Wenn alle fort sind bring mir das Gesetz von den Abständen bei Ersticken und dasein
JOAN Wenn ich es dann noch kann Vielleicht daß ich mich an Katharina von Polen übe
JOE An wem du willst
JOAN Mach schneller
JOE Behältst du den Kai im Auge
JOAN Ich glaube ich sehe sie Sie sind eilig
JOE Aber noch nicht groß
JOAN Nein
JOE Sie werden klein bleiben Mit verrenkten Hälsen Und der Hafenmuseumsbewacher wird sagen Nichts meine Herren
JOAN *nachdenklich* Nichts meine Herren
JOE Ist dein Blockschließer dabei
JOAN Es läuft einer voraus
JOE Jetzt spring Gib auf die Stufen acht
JOAN Stufen kenne ich
JOE Ich weiß Du kennst allerhand *Rufe von Kindern*

JOAN Und wer schreit hier

JOE Die Kinder aus dem Kindergarten für die Hafenarbeiter

JOAN Die

JOE Die passen Joan Kein Gatter für einen von uns An denen kommen wir gut vorbei

JOAN Und wenn doch eines von ihnen mit mir klappern möchte

JOE Es sind späte Kinder

JOAN Dann komm

Museumsraum Gewirr von Kinderstimmen

KIND Joe ist schöner

LEHRERIN Nicht anrühren

KIND Nancy hat den Saum gestreift

KIND Joes Saum

Gelächter

EDWARD Joan ist besser

LEHRERIN Erkläre uns das Edward

EDWARD Nur besser

Wieder Gelächter

NANCY *flüsternd* Klapperst du mit ihr

KIND Nein Getrau ich mir nicht

LEHRERIN Du fandest Joan gut Edward

EDWARD Besser

LEHRERIN Sag uns weshalb

KIND Nancy hat schon wieder den Saum gestreift Fräulein

LEHRERIN Geh zurück Nancy Zurück Alle zurück

NANCY Edward soll es sagen
LEHRERIN Weshalb ist Joan besser Edward
NANCY Sein Papa fährt Milch aus
Kichern
KIND Und schwappt sie über die Vorplätze
NANCY Edward möchte Milch von Joan Fräulein
KINDER *schreiend* Ja ja
NANCY Mir hat ers selbst gesagt
KIND *flüsternd* Klapperst du jetzt mit ihr
NANCY Gleich
LEHRERIN Ich frage Edward
EDWARD Joan ist dünn
KIND Nancy will mit ihr klappern Fräulein
NANCY Joe ist auch dünn
EDWARD Joan ist aber dünner
LEHRERIN Und ist das alles Edward
EDWARD Sie ist deshalb besser Ich will Joan nicht melken Fräulein
Klappern wie von einer Kinderklapper
EDWARD *verzweifelt* Ich will es nicht ich will nicht
KIND Das war Nancy Fräulein
LEHRERIN Nancy ich werde dir später Bescheid sagen *Klatschen* Weiter weiter Es warten noch andere Räume auf uns
Man hört die Kinder gehen
NANCY *schon entfernt leise* Er wollte es doch
Stille
JOE Du hast nicht geatmet Joan
JOAN Zweimal
JOE Nancy hätte es gemerkt

JOAN Es war eine Übung

JOE Oder du hast nur den Akzent aus dem Atem gebracht weil der Atem die Akzente übertreibt wie Hast ihn abgesäbelt hast lange Pausen gemacht

JOAN Da helfen Pausen nicht

JOE Pausen Pausen Nenn es wie du willst aber beeil dich bring es mir bei ehe sie uns vielleicht doch hier finden dein Blockschließer und die beiden andern

JOAN Edward war gut

JOE Was sagst du

JOAN Und Nancy

JOE Soll die auch gut sein

JOAN Sie erinnert mich an etwas

JOE Die kann einen an allerhand erinnern

JOAN Aber Edward war gut

JOE *verzweifelt* Edward war gut *lauter* gut gut und Edward Er wars Edward wars Er war gut Gut gut Ein Milchfahrerjunge mit zu kurzen Armen

JOAN Die hatte vielleicht auch seine Großmutter

JOE Seine Großmutter Edwards Großmutter Und Nancy erinnert dich an etwas Sie werden gleich hier sein aber Nancy erinnert dich

JOAN Sei ruhig

JOE Sie hat mit deinen Knochen geklappert

JOAN *als lachte sie* Fräulein Fräulein

JOE Willst du nicht ihren Mut loben ihre gescheiten Finger Los los Joan War der Klang nicht gut War ihre Hand nicht angenehm

JOAN Nein

JOE Und als sie vom Melken anfing

JOAN *stolz* Melken kenne ich

JOE *bittend* Joan

JOAN Da war nicht viel dabei

JOE Joan ich kannte deine Mutter nicht als sie noch ein Kind war Ich bin nicht mit dir und deinen Brüdern auf euren Weiden umhergestapft hatte keinen Einblick in die Ställe keine Pflicht lähmt dich an mir deine Pflicht zu tun Ich kann dich bei nichts beschwören das uns gemeinsam wäre

JOAN Die Fahrt durchs Hafenbecken

JOE Dann bei ihrer Kürze und Bemessenheit auch bei dem schönen Irrsinn uns selbst hier ins Museum zu stecken stellen

JOAN Stecken

JOE Wo Nancy mit deinen Knochen klappern kann Joan sag es mir *Als Joan nicht antwortet* Es muß eine Rechnung sein eine Abstandsrechnung

JOAN Ich kann es nur

JOE Ich habe Nautik gelernt aber von deinen Abständen weiß man an keiner Fakultät etwas Nein das wissen sie nicht wie man das Atmen ausläßt abhält gering macht wie man die gemeinsten von allen Windstößen an die Wand spielt Da stehen sie mit ihren offenen Mündern und lehren aber meinst du einer hörte auf zu atmen und lehrte weiter Keiner

JOAN Da stehst du hier und hältst mich

JOE Wir sind eine hübsche Leihgabe Aber wenn wir die Luft einziehen sind wir nichts

JOAN Du mußt es so machen So *Nach einer Pause* So

JOE So

JOAN Nein

JOE So

JOAN Auch nicht

JOE Sie werden gleich da sein

JOAN So Du mußt die Schultern nein nicht die Schultern die Arme du mußt den Brustkorb oder sind es die Beine du darfst die Beine nicht gekreuzt halten

JOE Dann so

JOAN Die Zehen locker die Finger müssen hängen

JOE Wer soll dich dann halten

JOAN Hier ist ein Haken Häng meinen Finger dran Nein nimm den zweiten Nicht zu stark So Jetzt

JOE Ich atme immer noch

JOAN Es wird jetzt besser

JOE Du willst mich trösten
JOAN Es braucht Übung
JOE Der Abstand vergrößert sich nicht
JOAN Du bist ungeduldig Joe
JOE Das war immer meine Stärke
JOAN Lehn dich zurück
JOE Ich lehne mich zurück
JOAN Mehr
JOE Mehr Und
JOAN *leise* Da ist jemand
JOE Nur einer
Etwas nachschleifende Schritte die durch- und vorbeigehen
JOE *lauter* Ein lieber Mann mit einem Holzfuß veranlaßte mich meinen Atem kurz anzuhalten
JOAN Mit einer Nase
JOE Ein lieber Mann mit einer Nase
JOAN Beim Sprechen mußt du mehr Luft ausstoßen *Nach einer kurzen Pause* Daß dir weniger bleibt
JOE Ach ja Joan
JOAN Er hat nichts gemerkt
JOE Jetzt wirst du gesprächig Solange du nicht altertümlich wirst freut mich das Joan Mit deinen drei Kreuzen *Als Joan schweigt* Ich versuche nur mehr Luft loszuwerden
JOAN Ich höre
JOE Mit unwichtigen Einwürfen

Leichtes Klappern

JOAN Jetzt ist mein Arm wieder unten

JOE Ich bringe ihn wieder an Halt still *Zornig* Museumshaken

JOAN Damit müssen wir auskommen

JOE Ja ja Ich könnte jetzt auch vom Himmel anfangen aber ich tus nicht

JOAN Vielleicht kommt niemand mehr

JOE Diese Schulklasse oder was es war muß zurück Und auch der Holzfuß

JOAN Ich verlasse mich angesichts der Feuchtigkeit auf alles rundherum Auch angesichts der Feuchtigkeit

JOE Jetzt buchstabierst du

JOAN Ich habe auch Angst

JOE Auch Angst

JOAN Und Furcht

JOE Wir wollen Nancy ruhig heranlassen Joan Nancy die Inspekteure den Blockschließer von dem du zugelassen hast daß man ihn dir aufhalste den Holzfuß klapp klapp zurück

JOAN Auf dem Rückweg werden sie sachter sein

JOE Eiliger wenn wir Glück haben Aber darauf wollen wir uns gar nicht verlassen Zum Teufel mit der Vokabel

JOAN *lacht*

JOE Schon besser

JOAN *muß niesen*

JOE Halt still

JOAN Kennst du das Lied BOSTON FÄHRT HERUM

JOE Nein

JOAN Von einem alten Mann in der Stille seines Studierzimmers

JOE Werde keine Schulklasse Joan

JOAN Hier ist noch ein Nagel Daran kannst du meinen Gürtel hängen

JOE Wenn ich dir nur glaubte was du nicht sagst

JOAN Mich wunderts daß ein ehemaliger Seemann ein solches Lied nicht kennt Boston

JOE Zum Teufel mit Boston

JOAN Dort spielt es Oder ganz nahe davon

JOE Ich weiß ich weiß Es ist Mode daß eine Menge Dinge dort spielen Oder ganz nahe davon Wir nicht

JOAN Wir sind kein Lied *Bedrückt* Man wird ausgenützt

JOE Da wäre ich an deiner Stelle noch nicht so sicher

JOAN Es passieren die dümmsten Dinge Im Vorgarten eines Hauses Säulenportal aus der Zeit des der Zeit die für die neue Welt der Zeit die der Zeit

JOE Sprich leise langsam wenig

JOAN Schritte

JOE Gut Joan

JOAN Der Holzfuß
JOE Unsere Inspekteure kommen nicht mehr
JOAN Mein Kleid reißt
Wieder Schritte die durchgehen
JOAN Und das liegt an der Seide
JOE Ssst
Stimmen einen Stock tiefer
JOAN *ruhig* Jetzt kommen sie
JOE *aufgeregt* Halt still damit die Seide nicht kracht Laß keinen Ärger hören Lach nicht lach nicht Und auch sonst nichts
JOAN *freundlich eher abschließend* Joe
Die Stimmen nähern sich die Treppen herauf klingen als wären es viele Dann Stille Wenn die Stimme des ersten Inspektors einsetzt ist es ohne Übergang Türenschließen oder ähnliches mitten aus der Debatte
1. INSPEKTOR Karl der Vierte sage ich
2. INSPEKTOR Es ist alles im Übergang Manschette Ärmel Bordüre Wie wir wissen gleichen sich die Zeichen der Übergänge oft mehr als die der Zeiten zu denen sie führen
1. INSPEKTOR Das ist umstritten
2. INSPEKTOR Die Schuhe lassen eher auf Karl den Dritten schließen
1. INSPEKTOR Der Rest der Schuhe Leider ein ziemlich geringer Rest
2. INSPEKTOR Sie muß viel gelaufen sein
PEDRO *aufgeregt* Ich weiß es Ich kann den

Herren sagen daß sie zu ihren Tagen viel gelaufen ist Aber solange ich sie habe habe ich sie geschleppt Und das sind gute drei Wochen Nein das ist schon mehr her

2. INSPEKTOR Die Art wie die Schuhsohlen abgenützt sind läßt noch an anderes denken

PEDRO Geritten ist sie auch

1. INSPEKTOR *ärgerlich* Woher weißt du das

PEDRO Wenn sie geredet hat

2. INSPEKTOR Zu dir

1. INSPEKTOR Lassen Sie ihn

PEDRO Sie hat in die Luft geredet

1. INSPEKTOR Du warst ein schlechter Aufpasser

PEDRO Auf das habe ich genau hingehört

1. INSPEKTOR Schauen hättest du sollen

PEDRO Ich habe sie genau siebenundzwanzigmal durch die Gatter gezerrt Ich bin ein Blockschließer Wenn ich schließe kann ich nicht schauen Und dabei habe ich geschaut

1. INSPEKTOR Ja ja ja

PEDRO *gelassen langsam* Edinburgh Edinburgh Edinburgh Edinburgh

1. INSPEKTOR Was sagt er

2. INSPEKTOR Edinburgh

PEDRO Sie hat es auch gesagt

2. INSPEKTOR Und der daneben

PEDRO Wer

2. INSPEKTOR Der Kerl aus Holz den sie bei sich hat

PEDRO Eh ich wegging war er noch aus Papier

2. INSPEKTOR Das ändert sich oft rasch

PEDRO Und redete wie sie

1. INSPEKTOR Das müßte man herausfinden Die Herkunft der Nebenfiguren erhellt dann leicht den Rest

PEDRO Ein abgeheuerter Seemann ist er Frühzeitig abgeheuert

2. INSPEKTOR Sehr frühzeitig

PEDRO Steward war er auf der Concord Zuletzt Dann gings rasch abwärts

1. INSPEKTOR Denken Sie an Karl den Zweiten

PEDRO Wenns einer einmal bis zum Steward herunter gebracht hat kommt nicht mehr viel

JOAN *kichert*

2. INSPEKTOR Ist hier noch jemand

PEDRO Der Zweimaster klappert

1. INSPEKTOR Es zieht hier

2. INSPEKTOR Die ganze Anstalt liegt zu nah am Wasser

1. INSPEKTOR Er soll jetzt gehen Wie heißt du Paul Pedro

PEDRO *mürrisch* Was soll mein Name Paul Pedro

1. INSPEKTOR Du warst zu nichts

PEDRO Ich schaue nur nach ob die Fenster dicht sind

1. INSPEKTOR *leiser* Untauglich

2. INSPEKTOR Man hätte es wissen können

1. INSPEKTOR Er sah nicht so aus Der Eindruck war verläßlich

2. INSPEKTOR Ein verläßlicher Blockschließer

PEDRO *vom Fenster* Hier herüben ist alles undicht

1. INSPEKTOR Du kannst jetzt gehen
PEDRO Ich bleibe noch
2. INSPEKTOR Wozu
PEDRO Abwarten Bin selten im Museum
1. INSPEKTOR Jetzt wird er aufsässig
2. INSPEKTOR Wir erfahren dann mehr
1. INSPEKTOR Bleib eben
PEDRO Ich brauche keine Genehmigung Bin selber aus dem Viertel
1. INSPEKTOR Bin bin
PEDRO Jetzt fängt der auch so an
2. INSPEKTOR Jeder wann er kann
PEDRO *noch vom Fenster* Und ich sag es noch einmal Ich habe sie siebenundzwanzigmal durch die Gatter gezerrt Es wären auch noch Spuren Vom Scheitel bis zur Sohle Wenn nicht die Sohlen alles verwischt hätten
2. INSPEKTOR Sie hätte draufgehen können
PEDRO Ach was
1. INSPEKTOR Wir wollen nichts mehr hören
PEDRO *klappert mit den Fensterrahmen*
1. INSPEKTOR Laß die Fenster zu
PEDRO Da war der Haken nicht drin Der Fensterhaken
2. INSPEKTOR *leise* Wir wollten noch etwas hören
1. INSPEKTOR *ebenso* Das kommt schon
PEDRO Dann wundert man sich wenn die Fregatten abblättern
1. INSPEKTOR Man wundert sich bald über nichts mehr

PEDRO Wahr wahr

1. INSPEKTOR Wenig kunstvoll wie das Kleid angebracht ist

2. INSPEKTOR Aber durchtrieben Es hält

1. INSPEKTOR Es reißt

2. INSPEKTOR Dann liegt es an den Haken

1. INSPEKTOR Sehen wir nach dem Wärter *Sie entfernen sich*

PEDRO *flüsternd* Joe Wie hast dus gemacht daß du plötzlich aus Holz bist He Joe Sags mir Und daß dein Zeug so frisch gelackt aussieht Und alt Wie machst du das Der atmet gar nicht

JOE Ssst

PEDRO Jetzt hab ich euch Ich geh auch ins Museum Ich habe genug davon den Blockschließer zu spielen *Beginnt zu pfeifen* Dein Lieblingslied Ich lehn mich neben euch

JOAN *ängstlich* Nicht

JOE Untersteh dich

PEDRO Ich untersteh mich

JOE Dann reißt ihr Kleid und sie finden uns hier alle übereinander Du hast uns jetzt geholfen Hilf uns weiter *Als Pedro schweigt* Hilf uns Was hast du an ihr Du mußt sie durch die Gatter zerren Und an mir Wir sind schlecht zu bewachen

PEDRO Ja schlecht

JOE Rasch Geh ans Fenster

JOAN Sie werden wiederkommen
PEDRO Sag mir vorher wie dus gemacht hast Joe
Nur wie der Firnis auf deine Jacke
kommt und wieder springt
JOE Joan bringt mir alles bei
PEDRO Die Atempause
JOE Sie war bescheiden Aber ich kann noch
zulernen wenn sie uns nicht trennen und
uns aus dieser Ecke zerren Irgend etwas
auf ihre verdammte exakte Weise mit
Drähten Horchgeräten oder nur mit den
Fingern
PEDRO Zulernen Länger die Luft nicht ein-
ziehen
JOE Und besser
PEDRO Dann lern rasch zu Ich hab es auch satt
JOE Lern du auch zu Lern es satt zu haben Sie
kommen Lern gut zu Blockschließer
Sättigungsgrad sieben ist das mindeste
PEDRO Sieben zum Teufel *Vom Fenster her*
Verändert Eins zwei drei vier fünf sechs
sieben Sieben Schrauben locker Da muß
es klappern
1. INSPEKTOR Weißt du wo der Aufseher ist
PEDRO *mürrisch* Vielleicht gegangen Der geht oft
Geht rasch durch dann geht er kommt
wieder geht wieder rasch durch
2. INSPEKTOR Da unten ist noch eine Schulklasse
1. INSPEKTOR 2 B aus der Grundschule
PEDRO 2 B Sieh an

1. INSPEKTOR Ich habe mich erkundigt

PEDRO Dann kommt er wieder geht wieder rasch durch

1. INSPEKTOR Hör auf

PEDRO Ich glaube ich kenne ihn Den einen Er ist ganz gut Alte Schule Hält die Galionsfiguren in Trab

1. INSPEKTOR *scharf* Das liegt dir wohl

PEDRO Mir liegt gar nichts

2. INSPEKTOR *einlenkend* Im Trab Das besorgen jetzt die Kinder

PEDRO *störrisch* Und was das Gute ist Mir muß auch nichts liegen Das ist das Gute dran

1. INSPEKTOR Im ganzen sind hier unhaltbare Zustände Die Feuchtigkeit Grundschulklassen die nicht hergehören Kein Aufenthalt

PEDRO Gehen wir

2. INSPEKTOR Du wolltest bleiben

PEDRO Ich wechsle meine Absichten so regelmäßig wie möglich

1. INSPEKTOR Unklassifizierte Objekte wer weiß wie viele noch

PEDRO Ich wollte bleiben

1. INSPEKTOR Am besten wir melden die Zustände und stellen alles anheim

2. INSPEKTOR Ein altes Verfahren

PEDRO Jetzt klappert auch die Tür

1. INSPEKTOR Wir sind nach einer Person ausgeschickt Jetzt sind es zwei Niemand hat mit dem Mann gerechnet der sie hält

2. INSPEKTOR Verändert das den Auftrag

1. INSPEKTOR Beträchtlich Die Feststellung der Zeitalter die Einordnung allein die Untersuchung Ich würde nicht wagen hier viel zu berühren Es könnte die Art wie er sie hält verändern und uns um einige Schlüsse bringen

PEDRO Ja ja die Schlüsse

2. INSPEKTOR Ihre Person ist leicht zu klären

1. INSPEKTOR Weniger denn je Vermutungen Voreiligkeiten die wir uns nicht leisten können

PEDRO Die blöden Schlüsse und die blöden Anfänge Und erst der viele Blödsinn dazwischen

1. INSPEKTOR Der Kerl soll den Mund halten *Er niest*

PEDRO Sehr zur Gesundheit

1. INSPEKTOR *niest wieder*
Joans Knochen beginnen zu klappern Eine Art knöchernes Klavierspiel

1. INSPEKTOR *während er sich schneuzt* Was ist das

2. INSPEKTOR Schrecklich

PEDRO Was sie nicht alles zuwege bringen Ich zu meiner Zeit Aber es ist klar Der Luftstrom durch Fenster und Türen Und dann der starke Luftstrom aus der Nase Knochen klappern gern

1. INSPEKTOR Es muß das Schulkindergetrappel da oben sein Die Wände zittern Das Haus ist ungeeignet

PEDRO Mager ist sie auch

1. INSPEKTOR Man sollte Schulklassen den Zutritt hier verbieten Erst ab einer gewissen reifen Altersstufe

PEDRO *ruhig* Ich will versuchen das in Ordnung zu bringen *Seine Schritte Dann flüsternd nur knapp hörbar* Hör auf Joan

JOE *ebenso* Sie kann nicht

PEDRO *laut* Das haben wir gleich

1. INSPEKTOR Rühr sie nicht an

PEDRO Ich kenne schon die Griffe *Flüsternd* Denk an die Gatter Joan als lägst du drunter *Laut* Ich sage ja das haben wir gleich *Wieder flüsternd* Da wo der Boden am nächsten ist Als lägst du drunter wie du oft drunter gelegen bist *Das Klappern jetzt leiser und langsamer*

1. INSPEKTOR Was sprichst du dort

PEDRO Ich wiederhole mir nur was zu tun ist Eins zwei drei und so fort *Leise* Du bist schon besser Gut Joan Du weißt man kann es Man kann auch noch das schwächste Geklapper fortlassen Du bist sehr gut Joan *Laut* Es ist jetzt fast vorbei Und wenn erst das Getrappel da oben ein Ende nimmt

1. INSPEKTOR Das wird immer wilder

PEDRO Es ist dann bald zu Ende

2. INSPEKTOR Meinst du was wild ist ist auch abzusehen

PEDRO Darauf kann man leicht kommen

2. INSPEKTOR Vielleicht bist du doch ein guter Aufseher

Pedro Und eines Tages treffen wir uns wieder und besprechen die Aufseherpflichten neu

PEDRO Wie Sie wünschen Herr Aber eines Tages ist immer gut

1. INSPEKTOR Wir sind hergekommen um einzuordnen endlich festzustellen um an Kleid und Haartracht zu erkennen

2. INSPEKTOR Die Haartracht ist aber zerstört

PEDRO Und das Kleid schleißt

1. INSPEKTOR Der Wärter muß her

2. INSPEKTOR Die Schuhe sind auch ruiniert Unfeststellbar Wie von Feuer

PEDRO Die Haken sind zu grob hier

1. INSPEKTOR Unverantwortlich für ein Objekt wie dieses

PEDRO Ich bin nicht schuld dran

1. INSPEKTOR Wir vertun die Zeit Hafenmuseen sind schlechte Ideen und schlechte Aufenthalte Hier kann man nicht arbeiten Wir sind nicht freigestellt um herumzustehen

JOAN *leise* Französische Gedichte

1. INSPEKTOR Hier wispert es

PEDRO Das ist das beste hier Oder vertragen Sies nicht Dann muß man es abstellen

NANCY *von der Tür her leise deklamierend* Im Scheine dieses Mondes nur dieses Mondes steht mein Freund Edward neben mir steht dicht bei mir *Verändert* Komm her Milchfahrerjunge Die koppeln wir jetzt

los deine Dame Joan die dir so gut gefällt
Sie fällt dann auf dich Und alle ihre
Rippen

EDWARD Laß es Laß sie in Frieden Nancy

NANCY O nein Die machen wir los Ganz los von
ihren krummen Haken

EDWARD Ich sags dem Fräulein

NANCY *spöttisch* Du sagsts dem Fräulein

EDWARD Sie ist Museumsbesitz Das Fräulein sagt
sie hätte einen Wert von über von über
Viel sicher

NANCY Ich mach sie los

EDWARD Du mußt sie zahlen

NANCY Die ist nicht kostbar Sie kann sie nicht
mehr drehen Sie ist alt Fünfhundertzehn
und mehr Sie fällt auf dich

EDWARD Laß sie Du sollst sie lassen

NANCY Ich zahl sie gern das alte steife Stück Ich
wind sie ihrem Seemann aus den Hän-
den
Der ist auch alt

EDWARD Hör auf

NANCY Dann zerr ich sie an ihrem dünnen Haar

2. INSPEKTOR *ruhig* Weshalb willst du das tun Nancy

EDWARD Hier ist noch jemand

NANCY *ungerührt* Damit man alle kahlen Stellen
auf ihrem Schädel sieht Fünfhundertzehn
Was ist denn gut an der

EDWARD Komm zu den andern Nancy

NANCY Nein

2. INSPEKTOR Weshalb willst du Joan quälen

NANCY Vielleicht freut sie sich So alte Leute sind oft froh wenn es noch ärger wird

2. INSPEKTOR Aha

NANCY Und wenn man ihr verbogenes Gestell sieht Ich kenn das Meine Großmutter zieht sich oft vor mir aus Sie ist ganz schräg Die paßt in keinen Sarg mehr Und meine Großmutter ist erst achtzig oder hundertsechzig Mehr nicht

2. INSPEKTOR Du möchtest Joan also eine Freude machen Nancy

EDWARD Lassen Sie sie nicht

NANCY Ich will Edward eine Freude machen Das will ich

EDWARD Unser Fräulein kommt gleich

NANCY Edward freut sich auch noch wenn sie auf ihn fällt wenn sie ihn anflennt einzwickt mit ihren dürren Rippen Der freut sich eine Weile eh er sich nicht mehr freut So ist der Aber dann zwickt es ihn dann versucht er doch seine Joppe aus ihren Fingern zu kriegen und das dürre Stroh das sie noch auf dem Kopf hat aus seinem Mund Er ist ein Milchfahrerjunge das ist er Sein Papa fährt Milch aus Der schreit auf allen Höfen Milch Milch

2. INSPEKTOR Nur weiter Nancy Du bist noch nicht zu Ende

NANCY Nein Plötzlich verlangt es ihn nach Milch

Er merkt daß aus der Bohnenstange kein Tropfen kommt Er preßt sie fest an sich und stößt sie wieder weg Es kommt nichts nein es kommt nichts Dann bricht er ihr die Knochen Fünfhundertzehn

1. INSPEKTOR Woher der Balg das hat

2. INSPEKTOR Bist du zu Ende Nancy

1. INSPEKTOR Man sollte es notieren Vielleicht doch ein Hinweis

NANCY Dann dreht er sich mit mir Er sagt du Süße wo kommt deine Milch her Wie kommt es Nancy daß du soviel Milch hast sagt er

1. INSPEKTOR Fünfhundertzehn Das ließe viele Arten von Schlüssen zu

NANCY Er sagt du Süße wie kommt es daß du mit den verkehrten Wimpern doch soviel Milch hast Ich saug an deinem Kinn da kommt sie schon

EDWARD *zornig* Sei still

NANCY Und Joan sag ich Ach sagt er dieser Haufen Staub und Tränen diese Fregattenmamsell die sich von einem Gipskerl halten läßt Was sollen wir mit der noch Ihr Stroh klebt mir im Mund und ihre Rippen stechen

2. INSPEKTOR Du bist jetzt fertig Nancy

NANCY Fünfhundertzehn

1. INSPEKTOR Das hat etwas zu sagen

Schritte auf der Treppe

EDWARD *erlöst* Die andern kommen

NANCY *vergnügt* Die andern andern andern Und das Fräulein

EDWARD Ich sag ihr alles Alles was du gesagt hast

NANCY Ja sag ihr alles

1. INSPEKTOR Ich hätte gerne noch eine Weile zugehört

PEDRO Ich auch Es ist ein Jammer Ich bin immer fürs Weiterführende

2. INSPEKTOR Da sind sie

NANCY Ich sags ihr Fräulein Fräulein

LEHRERIN Schon wieder Nancy und Edward

NANCY Edward wollte zu Joan

LEHRERIN Stimmt das Edward

EDWARD Nicht mit Nancy Fräulein Ich wollte zu Joan aber ich wäre nicht gegangen Ich wollte allein zu Joan

NANCY Das wollte er aber ich nahm ihn mit Hier sind auch noch drei Herren

2. INSPEKTOR Lehrer Inspektoren Nancy wußte hübsche Einzelheiten aber sie verwirrte sich Sie kam ins Plaudern

1. INSPEKTOR Zahlen wußte sie

2. INSPEKTOR Ist Joan Ihr Fach *Gelächter der Kinder*

LEHRERIN *zornig* Nein

1. INSPEKTOR Schade

LEHRERIN Ich bin hier um den Kindern eine Ahnung von den abgebrannten Vierteln zu geben Plänen Fregattenmodellen Takelagen *Erschöpft* Die Klasse ist zu jung

2. INSPEKTOR Wir hatten nicht den Eindruck

LEHRERIN Gehen Sie mal mit ihnen hier durch
2. INSPEKTOR Wir sind nur wegen Joan hier
LEHRERIN *verwundert* Wegen Joan
1. INSPEKTOR Alter genaue Herkunft Um ihren Wert für die Nation festzustellen
NANCY *kichernd* Für die Nation
LEHRERIN Halt den Mund Nancy Ihr kommt nicht mit auf die Fahrt durchs Hafenbecken du und Edward
NANCY *spöttisch* Schade
LEHRERIN Und ich werde noch mehr tun
NANCY Lassen Sie Edward bei Joan knien Fräulein
KINDER Edward weint Fräulein
NANCY Er hört dann auf
LEHRERIN Was ich lasse oder nicht lasse ist meine Sache
NANCY Ganz sicher
PEDRO Still jetzt
NANCY Gleich gleich
PEDRO Ein verdammt freches Ding ist das Und geht schon wieder zu nah ran an die zwei
2. INSPEKTOR Ich dachte Edward wollte zu Joan Nancy Jetzt bist du näher dran
NANCY Weil ich so gern die Knochen klappern höre Schön hohl
2. INSPEKTOR Fünfhundertzehn
NANCY Das auch Da hören Sies *Stille verblüfft* Die klingen gar nicht mehr Die sind jetzt still

2. INSPEKTOR Schön still Und weshalb meinst du Nancy

NANCY Weiß ich nicht Weshalb meinst du Edward

EDWARD *schnauft durch die Nase*

NANCY Der spuckt gleich

PEDRO Der sollte längst schon spucken Und deine Knochen klappern lassen

EDWARD Ich sollte sie ihr brechen

PEDRO Noch besser

NANCY Joan weshalb klingst du nicht Machts dir keinen Spaß mehr *Die Silben betonend* Keinen Spaß mehr *Wieder normal* Hast du genug von uns

LEHRERIN *klatscht in die Hände* Wir gehen jetzt

NANCY Hörst du das Joan

2. INSPEKTOR Wir schließen uns am besten an

1. INSPEKTOR Vorläufig

PEDRO Ich bleibe noch

1. INSPEKTOR Du kannst den Wärter suchen

PEDRO Kann ich

NANCY Sagst du denn deiner Joan gar nichts zum Abschied Edward

KINDER Wiedersehen Joan Wiedersehen Joan

NANCY *schon von der Tür her* Edward hat nichts gesagt

Die Schritte entfernen sich

PEDRO *vorsichtig* Ihr wart schön still ihr beiden Daß man sogar die Knochen still machen kann Hätte das keinem von euch zugetraut Ganz still Schön still Durchgebogen und doch ohne Atem Ohne Knochenklang Wenn ich euch jetzt die Rippen bräche ob es krachte He gebt mir Antwort Ihr wart wirklich ganz schön still Oder wenn ich dein Kleid zerrisse Joan deine himmelblauen Fäden Ob die jetzt krachten Sagt doch was Ob die noch Antwort geben Ich könnts gebrauchen wenn auch nicht zuviel davon *Nach einer Pause* Die sagen nichts Nichts Möchten mich zappeln lassen ihren alten Freund und Oberaufseher Joan Joe heraus mit eurer Antwort Und die muß sich gewaschen haben wenn sie jetzt kommt Eine saubere Antwort muß das sein Oder soll ich die rostigen Haken abbrechen an denen ihr hängt *Schwer atmend* Ich merke schon heute ist viel von Brechen die Rede Brechen abbrechen zerfetzen Haken Knochen Kleider Das muß in der Luft liegen In dieser Zimmerluft Die steht Da macht man was dagegen Redet doch redet Sagt was *Verändert* Da ist der Kleine wieder Edward

EDWARD Ich bin zurückgekommen Meinst du Joan ich mache mir was aus den Hafenbecken So wenig wie aus Milch Wenn ich auch ein Milchfahrerjunge bin ich will keine Milch von dir Ich wollte nur zurückkom-

men Fragen wer der Herr ist der dich hält
Er ist auch schön Joan aber du bist
schöner Er ist nur blank Du bist auch
matt

PEDRO Doch eine Milchfahrervorstellung

EDWARD Dich melken das fiel nur Nancy ein mir
nicht Ich bin kein Melker Mein Vater sagt
mir nicht einmal woher die Milch kommt
Der hat viel zu viel davon Und ich wills
auch nicht wissen Ich will nichts von dir
keinen einzigen Tropfen Nicht einmal
eine Antwort

PEDRO Bescheidener als ich

EDWARD *erschöpft* Ich wollte nur zu dir

PEDRO Jetzt schläft der Kleine auch ein Das
scheint mir ein schläfriger Tag zu sein

EDWARD Der Rest ist jetzt auf dem Hafenbecken
und redet Joan weißt du wie die schreien
wenn sie reden

PEDRO Luft ein Luft aus Und schon beginnt das
Unglück

EDWARD Die können nichts still sagen Ich lege
mich zu euch

PEDRO Ich sags ja Macht doch was dagegen Jetzt
lümmeln schon drei da und es werden
bald noch mehr wenn ihr nichts sagt Der
Junge muß nach Haus Zurück in seine
bescheidenen Zustände Den Milchfahrer-
vater kommen hören Die Mutter am
Fenster lehnen sehen Das muß der Junge

das sage ich euch damit er wieder ins Lot
kommt Ihr bürgt dafür Und ich muß
auch nach Hause Ich kann hier nicht
noch länger warten Wenn der Wärter
kommt ist es ohnehin um euch geschehen

EDWARD Es ist angenehm bei euch

PEDRO Komm jetzt Junge

EDWARD Bist du noch hier

PEDRO Ja aber mir fiels nicht ein mich deinen
beiden da zu Füßen zu legen

EDWARD Du wartest auch

PEDRO Nein Nicht mehr lange Gesteiftes
Knochenmehl ist nichts für mich Die
Seide die sich daran reibt gibt keinen
Laut

EDWARD Das muß sie nicht

PEDRO Du verteidigst sie auf Biegen und
Brechen

EDWARD *mit Verachtung* Biegen und Brechen

PEDRO Der Geschmack davon kommt einem hier
ohne weiters auf die Zunge

EDWARD Dir

STIMME VON DRAUSSEN Milch Milch Milch

PEDRO Dein Vater

EDWARD Den laß draußen

PEDRO Käme mir auch nicht in den Sinn noch
einen herein zu zerren

EDWARD Der legt sich hier nicht nieder

PEDRO Schon vorbei

EDWARD Das war schnell diesmal

PEDRO Vielleicht rief er nach dir
EDWARD Vielleicht
PEDRO Ein guter Vater
EDWARD Wollte mir seinen Rest Milch anhängen Trink Edward damit du groß und stark wirst
PEDRO Nicht schlecht Ein großer starker Edward
EDWARD So einer werde ich nie
PEDRO Weil du nicht willst Und ich sage dir warum du nicht willst Du willst dich diesen beiden hier angleichen Schwach werden wie Joan dürr wie Joe *Fröstelnd* Es wird jetzt schattig Ich gehe Komm mit Wir trinken noch ein Bier
EDWARD Bier
PEDRO Das hört sich besser an
EDWARD Ja Besser schon
PEDRO Bier Bier
EDWARD Hör auf
PEDRO Hier wirft uns doch nur der Wärter hinaus
EDWARD Der kommt noch nicht
PEDRO Ehe er schließt muß er kommen
EDWARD Dann bleiben sie allein Der Schatten schluckt sie Sie werden dann noch dünner
PEDRO Du nicht
EDWARD *zögernd* Ich komme morgen wieder
PEDRO Ja morgen Einer der die zwei erinnert wie kräftig ein Schluck Bier ist ein Zug Luft

EDWARD Und eine ganze Nacht in das Bett zurück das mich auswendig kann

PEDRO Komm starker Edward Das Bier wird dir gut tun Dreh dich nicht mehr um

EDWARD Du bist gut

PEDRO Ja ich bin gut

EDWARD Gut gut Man muß alles öfter sagen

Die Tür geht

JOE *ruhig* Soviel Besuch auf einmal

JOAN Du warst gut Joe

JOE Zuerst wars höllisch Man muß alles öfter sein Aber ich war jetzt öfter gut eine halbe Stunde lang

JOAN Dreimal geatmet Und das still genug

JOE Ich hielt mich an dich

JOAN *lacht* Eine Schulklasse

JOE Viel Ehre Joan

JOAN Der Wert für die Nation

JOE Deine Inspektoren

JOAN Wie sie aufpaßten auf Nancys Geschwätz und gleich hinterher liefen

JOE Ob sie uns kennen

JOAN Sollen sie

JOE Ja Sollen sie uns kennen Oder nicht Ich kann jetzt pausieren mit dem was sein muß mit den lächerlichen Luftzügen Sollen noch mehr kommen Oder noch weniger Wir wissen wie die zusammengefügte Asche schmeckt vermengt mit Fluß- und Seewasser wie komisch die

Könige sind *lacht hustet* alle Vorsitzenden

JOAN Nimm dich in acht

Schritte

JOE *noch immer hustend* Da kommt noch einer

Die Tür wird geöffnet

JOAN *leise* Ein Wärter

JOE *ebenso* Ich bin schon fertig

WÄRTER Ist da jemand

JOE *Hustet noch einmal schwächer*

Dann Stille

WÄRTER Ob da noch einer ist Dreck Fußstapfen Zugwind Wenn man einmal für einen Augenblick ins Freie tritt kommen die Schulklassen Die Fregatten stehen aber noch Das muß einen wundern *Er geht durch das Zimmer* Lucie Marie Sturmwind So möchte ich nichts nennen Glückliche Fahrt So auch nicht *Er hustet*

JOE *sehr leise* Das war nicht ich Joan

JOAN Sssst

WÄRTER Hier ist doch jemand Ganz sicher

Seine Schritte Ein Fuß schleift nach

Man spürt so was Jeden alten Leinenfleck der hier neu weht Aber die Fregatten sind noch in Ordnung Jede ein Glück für sich Was sage ich sonst wenn die Kommissionen kommen Lucie Marie Brave Schiffchen Und die durchtränkten Papiere dazu Alles vollständig

Er blättert
Alles so wie es war Wie ichs vor
zweiunddreißig Jahren übernahm Was
damals schon fehlte zählt nicht Die
Stellung halte ich schon lange und es hat
sich nichts geändert an der Stellung
Ein Augenblick des Schweigens und der Verblüffung
He wie kommt ihr denn her ihr beiden
Sagte ichs nicht gleich daß da was ist
Aber was das ist Zerfleddert und die
Fetzen an die alten Ofenhaken gehängt
Pfui Teufel nein ihr seid kein Schmuck-
stück Wißt ihr das Und wie ihr riecht
Nach Leim und Knochenmehl feucht wie
ihr seid Mit euch tu ich nicht lang herum
Für euch ist auch der Keller noch zu gut
He ihr
Er stößt mit dem Fuß nach Joan und Joe
Das Klappern von Knochen
Aber ich sags ja Besser zuviel als zuwenig
Mit euch mache ich leicht Schluß
Herunter von den Haken
Das Reißen von Seide
Ihr fallt recht leicht Ihr seid nicht schwer
zu befördern
Geräusch von Knochen die aufeinander fallen
Am besten ich kehr euch gleich weg Weiß
Gott an euch ist nichts an euch ist gar

nichts Ihr stört hier Ihr bringt die
Symmetrie durcheinander Ofenhaken
Wem das eingefallen ist faule Seide an
Ofenhaken zu hängen Wie soll ich heizen
wenn der Sommer zu Ende geht Wem so
was einfällt die zwei hier anzubringen
Vielleicht den blöden Kindern die man
hierher schleppt Sicher denen Jetzt weg
hier in den Hof Und von dort karre ich
euch an die Hafenbecken Das sind
Ermessensfragen und das Ermessen ist
meins Die Aufsicht über euch habe ich
nie übernommen
Noch einmal und noch stärker das
Geräusch von Knochen oder Hölzern die
durcheinander fallen
Die geben nicht einmal auf Fußtritte
Antwort Wenn ihr reden könnt dann sagt
was Ich hole jetzt den Karren
Schon von der Tür her Sagt doch was Sagt
was *Die Tür geht Ein Augenblick des*
Schweigens

JOE War ich gut Joan

JOAN Als deine Gelenke brachen habe ich dich
bewundert Du warst gut Und ich

JOE Du warst sehr gut Auch als dein Kleid riß

JOAN Ich glaube Joe wir beide sind gut

JOE *ruhig* Wir sind sehr gut *Im Freien*
Klappern von Holz oder Knochen das
näher kommt

JOAN Meinst du daß wir vorankommen

JOE Mir klebt dein Auge zwischen drei von deinen Rippen

JOAN Und ich habe einen Fetzen Drilch unter deiner Fußsohle

JOE Dein Auge zwickt

JOAN Und kommen wir voran

JOE Es näßt mich Zwischen deinen Rippen hindurch tränt es auf die meinen Doch doch Joan Ich glaube wir kommen voran

Anhang

Editorische Nachbemerkung

Der vorliegende Band vereinigt erstmals geschlossen Ilse Aichingers Hörspiele. Ihr erstes Hörspiel stammt aus dem Jahr 1953, *Knöpfe*, 1976 ist Ilse Aichingers bislang letztes, *Gare maritime*, publiziert und im gleichen Jahr von der Autorin mit Jutta Lampe, Ernst Jacobi und Otto Sander für den Süddeutschen Rundfunk / Westdeutschen Rundfunk inszeniert worden. *Knöpfe* ist in einem Sammelband als Fischer Taschenbuch erschienen (*Hörspiele*, Bd. 7010), *Gare maritime* bildet einen wichtigen Teil des Erzählbandes *schlechte Wörter* (1976). Die anderen vier Hörspiele Ilse Aichingers (*Besuch im Pfarrhaus* 1961; *Nachmittag in Ostende* 1966; *Die Schwestern Jouet* 1967; *Auckland* 1969) waren im (vergriffenen) Band *Auckland. 4 Hörspiele* (S. Fischer 1969) versammelt.

Es erweist sich als sinnvoll, diese insgesamt sechs Hörspiele Ilse Aichingers in einen Band zusammenzufassen: Die Entwicklung von der scharfen, sicheren, aber auch noch relativ geschlossenen Dialogtechnik in *Knöpfe* (1953) über das schwebende Spiel aus Stimmen in *Besuch im Pfarrhaus* (1961) zur Offenheit von *Auckland* (1969) und zur zärtlichen Radikalität von *Gare maritime* sollte in Geschlossenheit nachvollziehbar werden. Einzig das

1955 zusammen mit Günter Eich geschriebene Hörspiel *Der letzte Tag* ist hier nicht aufgenommen worden, weil dieses Stück – auch nach dem Willen Ilse Aichingers – immer unter Günter Eichs Namen firmierte und weil überdies die Anteile Ilse Aichingers daran nicht mehr klar auszumachen sind und nur innerhalb einer kritischen Ausgabe auflösbar wären. *Der letzte Tag* ist nachzulesen in der Günter-Eich-Werkausgabe, Bd. 3, Die Hörspiele 2, hrsg. von Karl Karst, Frankfurt a. M. 1991, S. 197–243, Suhrkamp Verlag.

Als Druckvorlage für die Edition dienen die vorliegenden Buchausgaben, die anhand der Typoskripte auf Druckfehler überprüft worden sind. *Gare maritime* ist aus dem Band *schlechte Wörter* (1976) übernommen worden.

Die ›Vorbemerkungen‹ zu den Hörspielen *Die Schwestern Jouet, Besuch im Pfarrhaus, Auckland* und *Gare maritime* sind bislang unveröffentlicht. Druckvorlage sind die Manuskripte.

Der Anhang versucht in einigen Fällen nicht nur Datierungen zur Entstehungszeit, sondern auch, in gebotener Kürze, einen gewissen Kontext zu geben. Besonders hervorzuheben sind hier die Gedanken Ernst Jandls zum Hörspiel *Besuch im*

Pfarrhaus: Jandls Betonung des Sprachcharakters gilt nicht nur für *Besuch im Pfarrhaus*, sondern erkennt und bestimmt Ilse Aichingers Stellung in der Geschichte des Hörspiels.

Bibliographische Hinweise

Abkürzungen

ES Erstsendung
ED Erstdruck
EB Erstveröffentlichung in Buchform
E Entstehung

Knöpfe

ES NWDR/Südwestfunk, 16. Dezember 1953
Regie: Otto Kurth

ED ›Die neue Rundschau‹, 65. Jg. (1954), H. 2, S. 276–315

EB Hörspiele. Mit einem Nachwort von Ernst Schnabel, Frankfurt a. M. 1961, S. 43–79 (Fischer Taschenbuch Bd. 7010). Zugleich Druckvorlage (an wenigen Stellen von Ilse Aichinger abgeändert).

E Bereits 1951 gab es Pläne für ein Hörspiel: Ernst Schnabel, der Intendant des seinerzeitigen Nordwestdeutschen Rundfunks (NWDR), wollte gegen eine monatliche Pauschale unter anderem bei Ilse Aichinger ein Hörspiel in Auftrag geben (vgl: Gottfried Bermann Fischer und Brigitte Bermann Fischer: *Briefwechsel mit Autoren*, hrsg. von Reiner Stach, Frankfurt a. M. 1990, S. 536, S. Fischer). Ilse Aichinger aber nahm den Auftrag nicht an, obwohl sie Schnabel 1951 in Heidelberg die Idee zu einem möglichen Hörspiel erzählt hatte: Eine Dramatisierung der *Mondgeschichte*.
Erst 1953, kurz vor und nach der Heirat mit Günter Eich (Juni), griff Ilse Aichinger auf ein autobiographisches Erlebnis ihrer ersten Englandreise (September 1948 bis April 1949) zurück, wo sie ihre Zwillingsschwester Helga

besucht und einige Wochen – wie auch Erich Fried – in einer Londoner Knopffabrik gearbeitet hatte. Das Hörspiel *Knöpfe* entstand im Sommer 1953 in Geisenhausen bei Landshut/ Oberbayern.
Das Manuskript enthält Anmerkungen Günter Eichs, vorwiegend zum Raumwechsel Fabrik – Straße – Zimmer.

Besuch im Pfarrhaus

ES Norddeutscher Rundfunk, 16. März 1962
Regie: Heinz von Cramer

ED Besuch im Pfarrhaus. Ein Hörspiel Drei Dialoge, Frankfurt a. M.: S. Fischer Schulausgaben, S. 3–57
Vorbemerkung: bislang unveröffentlicht

EB ebda.
Auckland. 4 Hörspiele, Frankfurt a. M. 1969, S. 8–33

E Geschrieben wurde das Hörspiel *Besuch im Pfarrhaus* im Jahre 1961 nach einem ersten Konzept, das während eines mehrmonatigen Sylt-Aufenthalts 1959 entstanden war. Aus 1961 stammt auch die im vorliegenden Band erstmals veröffentlichte *Vorbemerkung*.
Ernst Jandl äußerte sich in einer Rundfunksendung zu *Besuch im Pfarrhaus* (Südwestfunk Baden-Baden 1986, Reihe Hörspielklassiker: Ilse Aichinger, von Elisabeth Weber): »[...] Ich hatte nie zuvor und nie nachher so viele Hörspiele gehört wie 1966 im Verlauf eines mehrtägigen Hörspielseminars in Wien. Unter den Hörspielen, die es zu hören gab, hatten sich einige für mich interessante gefunden. Das eine jedoch, dem ich ohne jede Einschränkung beigepflichtet hatte, und von dem ich, durch die Jahre seither, immer noch Stimmen vernehmen zu können

glaubte, war das Hörspiel *Besuch im Pfarrhaus* von Ilse Aichinger.
Hier stand keine Technik im Vordergrund, keine Perfektion machte sich aufdringlich. Es hatte auch nichts Illusionistisches, es appellierte nicht durch das Ohr an das Auge, sondern es war ein Stück Poesie, also etwas für sich selbst, keine Wiedergabe von etwas, keine Aussage über etwas. Es war ein sprachlicher Ablauf, eine Folge von Wörtern und Sätzen, getragen von Stimmen, im Prinzip also etwas Lineares, das aber an jedem Punkt Beziehungen aufnahm zu Dingen außerhalb, zur Welt, zum Leben. Auf diese Weise gewann der an sich lineare Ablauf eine neue Dimension. Er wurde flächig, er wurde zu einer gemusterten Fläche, einem unregelmäßigen Muster, einem Bild, aber keiner Abbildung. Unregelmäßigkeit und Ausgewogenheit im gleichen Ding vorzufinden wie hier im Hörspiel, ist ein außerordentliches Vergnügen. Es vermittelt ein Gefühl von Harmonie, ähnlich jenem, das wir in manchen Momenten der Welt gegenüber empfinden können, dem Leben, und zwar gerade dann, wenn wir unser Wissen von Schmerz und Tod dabei nicht ausschalten. [...] Dieses Hörspiel ist weder Abbild noch Gleichnis. Seine Wörter und Sätze sind uns bekannt, aber die Abfolge dieser Wörter und Sätze und das Muster, das entsteht, sind uns nicht bekannt. Nicht bekannt aus etwas anderem, nicht von vornherein bekannt, nur bekannt nachher – aus dem, was wir gehört haben [...]«

Nachmittag in Ostende
ES Norddeutscher Rundfunk / Süddeutscher Rundfunk, 31. März 1969
Regie: Heinz von Cramer

ED Auckland. 4 Hörspiele, Frankfurt a.M. 1969, S. 36–71
Vorbemerkung: bislang unveröffentlicht
EB ebda.
E Das Hörspiel entstand, nach Auskunft Ilse Aichingers, im Winter 1966. Ostende – »weil es auf dem Weg nach Dover liegt und geheimnisvoll ist«. (Ilse Aichinger). Die *Vorbemerkung* ist 1969/1970 anläßlich einer Lesung aus dem Hörspiel entstanden.

Die Schwestern Jouet
ES Bayerischer Rundfunk, 18. Juli 1969
Regie: Ludwig Kremer
Neuinszenierung
Süddeutscher Rundfunk, 13. Juli 1986
Regie: Otto Düben
ED Auckland. 4 Hörspiele, Frankfurt a.M. 1969, S. 74–112
Vorbemerkung: bislang unveröffentlicht
EB ebda.
E Das Hörspiel entstand Ende 1966 / Anfang 1967. Ilse Aichingers Kalender 1967 enthält unter dem 25. Februar 1967 die Eintragung: »Hsp. Jouet fertig.« Ebenfalls 1967 entstand auch die gleichnamige Erzählung (vgl. *Eliza Eliza*). Beide Stücke thematisieren – wie einige Erzählungen (etwa *Meine Sprache und ich*, *schlechte Wörter*) und wie der frühe Dialog *Flüchtiger Gast* – den Prozeß des Schreibens, auch denjenigen des Entstehens poetischer Welt (vgl. hier auch die frühe Erzählung *Das Bauen von Dörfern* in: *Eliza Eliza*).
Die Annäherung von Hörspiel und Erzählung im Falle der Jouets ist im übrigen kein Zufall, sondern war schon früh ein Strukturprinzip von Ilse Aichingers Erzählkunst: vgl. dazu die starke

Dialogform des Romans *Die größere Hoffnung*, besonders aber auch die Erzählung *Der Engel* in: *Eliza Eliza*.
Die *Vorbemerkung* ist 1967/1968 anläßlich einer Lesung aus dem Hörspiel entstanden.

Auckland

ES Norddeutscher Rundfunk, 19. April 1970
Regie: Heinz Hostnik
Neuinszenierung
Süddeutscher Rundfunk, 10. August 1986
Regie: Otto Düben

ED Auckland. 4 Hörspiele, Frankfurt a. M. 1969, S. 114–152
Vorbemerkung: bislang unveröffentlicht

EB ebda.

E Ilse Aichingers Kalender für 1969 enthält die Eintragungen: »18. 1. beg.« und »21. 4.: Hsp. Schluß«. Typoskript auf Rückseiten des ›Evangelischen Pressedienstes‹ (epd) (22. Januar 1969, 15. Februar 1969).
Ab 27. April wurde das Hörspiel noch einmal abgeschrieben und zwischen 25. Mai und 17. Juni überarbeitet. Am 16. Juni 1969 Kalendereintragung: »Hsp. mit Günter durchgegangen.« Das TS enthält – mit Ausnahme der Kinderstimme – noch keine Aufgliederung in Sprecherrollen.
Jedem TS-Blatt ist ein Blatt mit Anmerkungen Günter Eichs beigelegt. Diese Anmerkungen reichen von Streichungsvorschlägen (von Ilse Aichinger meist übernommen) bis zu *Maulwurf*-artigen Anmerkungen, z. B. zur zweiten Seite, Satz: »(Kinderstimme) Ein Ire aus Frisko, ein Ire aus Frisko!« Günter Eich: »Ein Ire aus Frisko – ein Frisko aus Iro«. Oder der an Flauberts *Wörterbuch der Gemeinplätze* gemahnende

Einwurf Günter Eichs zu einem Satz der ersten Seite »Er ist lieber aus Rhodos«: »Rhodos? Wo ist das? Hic salta.«
Die *Vorbemerkung* ist 1969/1979 in Hinblick auf Lesungen aus *Auckland* entstanden.

Gare maritime

ES Österreichischer Rundfunk / Landesstudio Salzburg, 24. Februar 1974
Regie: Gert Westphal
Neuinszenierung durch Ilse Aichinger
Süddeutscher Rundfunk / Westdeutscher Rundfunk, 20. Januar 1977

ED schlechte Wörter 1976, S. 83–127

EB ebda.
Die *Vorbemerkung* wurde 1976 für die Sendung des Hörspiels beim WDR am 7. Februar 1977 geschrieben und wird hier, von Ilse Aichinger noch einmal überarbeitet, erstmals gedruckt.
Druckvorlage: MS

E Die Arbeit am Hörspiel *Gare maritime* erstreckt sich über drei Jahre: Der Kalender 1972 enthält die Eintragungen: »11. 1. G. M. beg.« und »26. 5. G. M. Schluß (?)«. Zwischen 27. Mai 1972 und 16. Juni 1972 wurde der Text von Ilse Aichinger noch einmal abgetippt und – wie meist bei ihren Reinschriften – korrigiert. Der Text wurde im Sommer 1973 beim ORF Salzburg von Gert Westphal inszeniert – in prominenter, aber doch eher an Arthur Schnitzler geschulter Besetzung (Vilma Degischer, Sylvia Manas).
Vor dem Druck in *schlechte Wörter* 1976 noch einmal – in wenigen Details – überarbeitet. (Kalender 1975: zwischen 26. Februar 1975 und 4. April 1975).